これだけは知っておきたい！

取締役になるとき いちばん最初に読む本

改訂
2版

弁護士
西田弥代
Nishida Miyo

アニモ出版

安浦大五郎
食品会社Ａ社の企画開発部長（身分は従業員）。商品開発力
が見込まれ、代表取締役から、来期の取締役就任を打診さ
れている。

大五郎の妻
主婦。大五郎とは結婚25年目。しっかり者で堅実な性格。

Ａ社
従業員80名。現在の取締役は、代表取締役、同人の妻、営
業担当取締役の３名。監査役は、代表取締役の父が務めて
いる。

大五郎　「おい、帰ったぞ。ニュースだ、ニュースだ！」

妻　　　「あら、どうしたの」

大五郎　「今日、社長から、来期の取締役になるように言わ
　　　　れたよ。引き続き、開発もがんばってくれってさ」（得
　　　　意げ）

妻　　　「すごいじゃない！　お給料は？　勤務時間は変わ
　　　　るの？　早く帰れるのかしら？　役員ってどんな仕事
　　　　をするの？　従業員をまとめる立場になるんだから、
　　　　いまほどは残業しなくていいってことじゃないの？

お迎えの車は来るのかしら…」

大五郎 「む、むぅ。なんだ、その大量の質問は。まだその
　　　　　ような話は全然聞いてないよ。しかも、うちのような
　　　　　中小零細企業で、運転手がつくわけないじゃないか。
　　　　　取締役だぞ、もっと喜べよ」

妻 「え〜、そんなこともわからなくて、うかつに喜べ
　　　　ないわよ」

大五郎 「む、むぅ…」

弁護士（筆者）

　会社に勤めて、仕事に邁進し、出世して取締役になる。ある
いは、会社で知識を得て、独立起業する。サラリーマンとして、
これらを目標とされている方は多いかもしれません。

　しかし、実際に取締役になるように打診されたとき、あるい
はサラリーマンを辞めて起業しようと考えたとき、取締役にな
るとどうなるのか、何をするのか、すぐに具体的に思いつくで
しょうか。

　自分自身の話にならないうちは、取締役は、決裁権が大きく、
やりたいことができて、役員会議にも参加するようになる役職
である――と、なんだかぼんやりとした輪郭でしか把握されて
いないかもしれません。

　「取締役になる」ということは、簡単に説明のつくものでは
ありません。権限は、責任を伴います。そして、取締役といっ

ても、さまざまな種類があり、場合によっては、従業員としての立場が残ったままの、使用人兼務取締役である場合も考えられます。

　本書を手にとってくださる皆さまは、きっかけはなんであれ、取締役になろうとしている方、取締役になって間もない方が多いと思います。

　まずは、「もくじ」に目を通してみてください。

　もちろん、会社のしくみについては、最初に知るべきことのひとつではありますが、私がいちばん知っていただきたいのは、**取締役の責任**についてです。

　取締役にまだ就任されていない方は、ぜひ取締役の責任に関する理解を深めてから、取締役になるかどうかの結論をだしてください。

　そして、すでに取締役に就任されている方は、取締役の責任とリスクを早いうちに知ることにより、ご自身の責任が発生する事態を防止しながら業務を行なっていただきたいのです。

　会社や取締役について生じる法律問題の多くは、早いうちに（あるいは未然に）気づいて対応していれば、なんてことがなかったのに、気づかないまま問題が大きくなってしまうと、膨大な損害が発生する可能性がある点で、個人間の取引等とは異なります。

　本書では、取締役に関するさまざまな法律知識についての要点を解説していますので、これだけでは知識として足りない点

も多いかもしれません。

　ただ、本書をお読みいただくことによって、取締役としての責任問題が生じる前に、あるいは会社に何らかの問題が生じる前に、この話はなんだか聞いたことがあるぞ、問題になりうるぞ、と法律知識を思い出していただくきっかけになることができればと心から願っています。

大五郎　😊「取締役の責任、か。よし、よく読んでみるぞ」
妻　　　😊「そうよ、取締役になって責任を追及されても、うちには貯金なんてないからね」
大五郎　😊「む、むぅ……」

　2015年2月　　　　　　　　　　　　　　　　弁護士　　西田弥代

【改訂2版の発刊について】

● 「会社法の一部を改正する法律」が令和元年12月11日に公布され、令和3年（2021年）3月1日以降、順次施行されています（改正内容の概略については、巻末の「おわりに」を参照してください）。そこで、その改正を織り込んで「改訂2版」を発刊しました。

● 本書の内容は2024年3月20日現在の法令等にもとづいています。

取締役になるとき　いちばん最初に読む本　改訂2版

もくじ

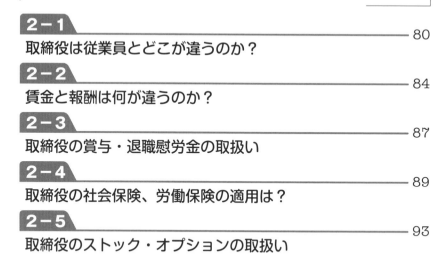

2章

取締役は従業員とここが違う

3章

取締役にもいろいろな種類がある

6章

取締役の権限と責任とは何か

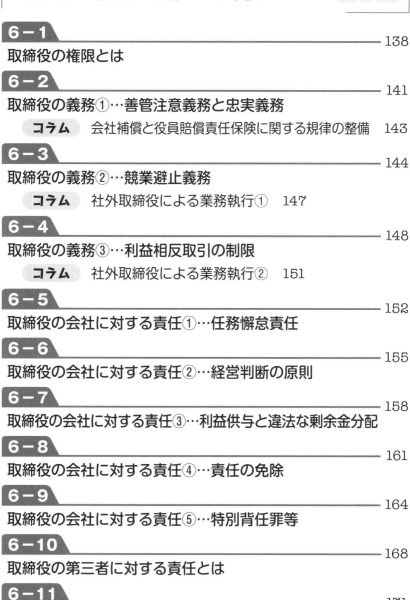

7章
取締役なら理解しておきたい契約の知識

8章
取締役なら知っておきたい法律の知識

カバーデザイン◎水野敬一
本文ＤＴＰ＆図版＆イラスト◎伊藤加寿美（一企画）

1章

会社のしくみと取締役の役割を知っておこう

ご存知のこともあるかと思いますが、確認の意味でも、基礎知識からみていきましょう。

1-1
公開会社と非公開会社、
大会社と非大会社の違いとは

取締役内定者 「取締役になったら、いろいろ学ばなければならないというのはわかるのですが、まず何から始めればいいのですか？」

弁護士 「まずは、取締役就任先の会社の種類を知るべきでしょう。ひとくちに株式会社といっても、公開会社か非公開会社か、大会社かそうでない会社であるかで、法律上の取扱いや、規制も違います。ここでは、それぞれの分類についてみていきましょう」

 ## 公開会社か非公開会社か

　公開会社というと、上場会社を思い浮かべる人も多いかもしれませんが、**公開会社＝上場会社ではありません**。公開会社とは、会社法により、以下のとおり定められています。

> ——【公開会社】————
> 発行する全部または一部の株式について定款による株式譲渡制限を定めていない会社（会社法2条5号）

　つまり、発行する株式（まだ発行していない株式を含む）全部について、定款による株式譲渡制限がなければ、公開会社にあたります。一方、一部でも定款による株式譲渡制限を定めている場合は、公開会社にはあたりません。

　本書では、公開会社にあたらない株式会社のことを、「非公

開会社」あるいは「株式譲渡制限会社」と呼ぶことにします。

　ご存知のとおり、中小企業の多くは、非公開会社です。そして、上場企業は、株式を自由に取引することができなくてはならないので、必ず公開会社である必要があります。

　もっとも、前述のとおり、「公開会社≠上場会社」ですから、公開会社であっても、株式を上場していない会社もありますので、注意してください。公開会社は、取締役会の設置が必要とされる等の規制があります。

　なお、株式譲渡制限は、登記しなければならない事項ですので、ある株式会社が公開会社か否かは、当該会社の登記を確認すればわかります。

 ## 大会社か非大会社か

次に、大会社は以下のとおり定められています。

―【大会社】―――
最終事業年度にかかる貸借対照表上、資本金の額が５億円以上または負債の合計金額が200億円以上の会社（会社法２条６号）

大会社になると、以下のような規制を受けることになります。

①会計監査人の設置義務（公開会社でもある場合は、監査役会、監査等委員会（監査等委員会設置会社の場合）または監査委員会（指名委員会等設置会社の場合）の設置義務もあります）（同法328条）
②内部統制組織の整備義務（同法348条３項４号、４項、362条４項６号、同条５項）
③連結計算書類の作成義務（金融商品取引法24条１項にも

とづき有価証券報告書を提出する会社にかぎる。会社法
444条3項）
④清算中の監査役設置義務（同法477条4項）

　日本の企業の多くは、非公開会社であり、かつ、非大会社で
す。
　なお、大会社であっても上場企業の子会社など、非公開会社
である会社もあります。

◎【参考】中小企業の定義◎

一般に「中小企業」という言葉を使用しますが、中小企業基本法におけ
る「中小企業」の定義は、下表のとおりです。もっとも、中小企業の言
葉の意味は、それぞれの法律によって若干異なりますので、ご注意くだ
さい。

業種分類	中小企業基本法の定義
製造業 その他	資本金の額または出資の総額が3億円以下の会社、または常時使用する従業員の数が300人以下の会社および個人
卸売業	資本金の額または出資の総額が1億円以下の会社、または常時使用する従業員の数が100人以下の会社および個人
小売業	資本金の額または出資の総額が5,000万円以下の会社、または常時使用する従業員の数が50人以下の会社および個人
サービス業	資本金の額または出資の総額が5,000万円以下の会社、または常時使用する従業員の数が100人以下の会社および個人

（中小企業庁のホームページより）

株主、取締役等の機関設計のしかた

取締役内定者「うちの会社は、非公開会社で、非大会社みたいです。私は、この分類に応じた規制をよくみていけばいいということですね」

弁護士「そうですね。次に、株主総会、取締役（会）などを『機関』と呼び、これらを組み合わせることを『機関設計』といいます。会社にどのような機関を設けるのか、機関設計の方法には多々ありますが、ここでは代表的なパターンの機関設計をみていきましょう」

取締役会を設置しない会社

　株式会社は、まず、株主総会を必ず設置しなければならないほか、取締役を最低１名置かなければなりませんので、最小機関で構成するなら、株主総会、取締役のみの構成が会社法上のいちばんシンプルな機関設計となります。

　取締役会を設置しなくても、取締役を何名か選任することは可能ですし、監査役や会計参与を設置することもできます。

【取締役会を設置しない会社の機関設計の例】
①株主総会＋取締役　　　②株主総会＋取締役＋監査役

　取締役会を設置しない会社は、経営に関する多くの事項を、株主総会で決することとなります。

　オーナー企業の場合は、取締役会を設置しないことも多くあ

りますが、株主数が増えたりしてある程度の規模になると、機動的な経営をするために、取締役会を設置して株主総会から決定事項を委譲することもあります。

取締役会を設置する会社

　次の会社については、取締役会の設置義務があります（会社法327条1項）。

```
┌─【取締役会設置義務のある会社】───────────
│ ①公開会社　　　　　　　　②監査役会設置会社
│ ③監査等委員会設置会社　　④指名委員会等設置会社
└──────────────────────────────
```

　もっとも、上記以外の会社についても、特例有限会社以外の会社は、定款に定めることにより取締役会を設置することが可能です。実際に、非公開会社であっても、取締役会を設置することは多くあります。

　取締役会を設置するためには、**取締役は3名以上必要で、うち1名以上を代表取締役として選任**する必要があります。

　取締役会を設置する会社は、株主総会では会社法や定款で定められた事項のみ決定し、経営方針や具体的な業務執行については、取締役会で決することとなります（詳しくは、1－6参照）。

```
┌─【取締役会を設置する会社の機関設計の例】────────
│ ①株主総会＋取締役会＋監査役
│ ②株主総会＋取締役会＋会計参与
│ ③株主総会＋取締役会＋監査役会
│ ④株主総会＋取締役会＋監査役＋会計監査人
│ ⑤株主総会＋取締役会＋監査役会＋会計監査人
└──────────────────────────────
```

　なお、多くの会社は、上記①の機関設計をしています。後述するように、取締役は、職務の適法性などについて相互に監視する義務があります。取締役会の設置および開催により、その監視の実効性を高めることができます。そして、取締役同士のなれ合いにより、会社に損害を及ぼすことがないように、**さらに監視する機関として、監査役や会計参与を置く**のです。

　大会社になると、会計監査人の設置が義務づけられます。大会社になると、債権者の数も増えますので、債権者の保護のため、**会計処理が適正に行なわれているかチェックする会計監査人の設置**が義務づけられるのです。

　このように、会社の規模等により機関設計は一部制限があります。具体的には、以下の表のとおりです。

◎株式会社の機関設計の一覧◎

	非公開会社＆非大会社	公開会社＆非大会社	非公開会社＆大会社	公開会社＆大会社
取締役	○	×	×	×
取締役＋監査役	○	×	×	×
取締役＋監査役＋会計監査人	○	×	○	×
取締役＋取締役会＋会計参与	○	×	×	×
取締役＋取締役会＋監査役	○	○	×	×
取締役＋取締役会＋監査役＋監査役会	○	○	×	×
取締役＋取締役会＋監査役＋会計監査人	○	○	○	×
取締役＋取締役会＋監査役＋監査役会＋会計監査人	○	○	○	○
取締役＋取締役会＋監査等委員会＋会計監査人	○	○	○	○
取締役＋取締役会＋指名委員会等＋執行役＋会計監査人	○	○	○	○

指名委員会等設置会社

　さて、取締役会設置会社のなかでも、特殊な機関設計をしている、指名委員会等設置会社をみていきましょう。

　指名委員会等設置会社とは、業務執行を行なう執行役と、執行役を監督する3つの委員会（指名委員会、監査委員会、報酬委員会）を設けた会社です。株主（株主総会）から取締役会に委譲された業務執行権と監督権を、より明確に分離し、透明性の高い経営を行なうことができます。

　取締役会と会計監査人の設置は必須ですが、監査役および監査役会を設置することはできません。

　指名委員会等設置会社において、会社の代表権を有するのは、**代表執行役**であり、個々の取締役は、原則として会社の業務執行を行なうことはできません。

　会社の規模の制限はありませんが、各委員会の過半数は社外取締役でなければならず（会社法400条3項☞100ページ）、設置にはハードルも高いため、採用している会社は少数です。

 ## 監査等委員会設置会社

　監査等委員会設置会社（会社法399条の2）においては、社外取締役が過半数を占める監査等委員会が唯一の委員会であり、指名委員会等設置会社の監査委員会と同様の業務執行監督機能をもたせるほか、指名委員会や報酬委員会の機能を限定的にになうこととなっています。指名委員会等設置会社と監査役設置会社の中間的な制度として利用が期待されています。

　本書においては、以降、取締役会設置会社（主に18ページ下の囲みの①の機関設計の会社）を中心に、各機関の内容について話を進めていきます。

1-3 会社の所有者である株主の責任

取締役内定者「会社の機関設計にこんなに種類があるとは知りませんでした」

弁護士「そうですよね。ご自身の会社と、取引先の会社の機関設計については、機関設計によって意思決定の方法が異なることもありますので、意識してみてください。さて、次は会社の所有者である株主のことについてみましょう」

所有と経営の分離

株式会社において忘れてはいけないのは、**所有と経営が分離**されていることです。

取締役が1人株主でもある場合には、あまり意識されないかもしれませんが、たとえば上場会社を考えてみてください。

株式会社は、株式を発行して、それを株主に買ってもらうことにより資本を集めます（会社の所有者は株主）。もっとも、株主のなかには、少額の出資をして、キャピタルゲインを求めているような、経営の専門的知識もなく、経営に興味のない人も多々います。

そこで、**株主は、株主総会において取締役を選任し、経営における基本方針の決定や業務の執行を委任する**のです。

そして、取締役会設置会社については、**取締役会が会社の具体的な経営方針を決定し、個々の取締役が実際の業務の執行を行なう**ことになります。

21

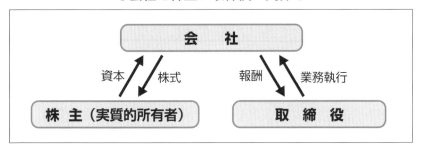

◎会社と株主、取締役の関係◎

会　社

資本／株式　報酬／業務執行

株　主（実質的所有者）　　取　締　役

間接有限責任とは

　株式会社における所有と経営の分離を支えているのが、株主の「間接有限責任」という考え方です。

　株式会社の株主は、会社の債務について、会社債権者に対して出資額を超えて責任を負いません（会社法104条）。株主は、仮に会社の事業が失敗したとしても、**株式の価値がなくなるという範囲でしか、責任を負わない**のです。この制度により、多数の者が安心して容易に会社に資本参加することができ、一方、株式会社は、容易に事業のための資金調達ができるのです。

取締役による業務の執行

　株主の間接有限責任のほかにも、株主が安心して会社に出資できるように、会社法はさまざまな制度を設けています。**取締役に義務を課している**ことも、そのうちのひとつです。

　会社の委任により、取締役が、適法かつ適正に会社の経営を行なうように、取締役の善管注意義務、忠実義務、競業避止義務、利益相反取引の禁止等の制度があるのです。

　取締役は、**経営の専門家として、法を遵守しつつ、会社の利益の最大化を図り、業務を執行**していかなければなりません。

株主にはどんな権利があるのか？

弁護士 「株主は、会社の所有者であり、その責任の範囲は、前述のとおり間接有限責任です。では、株主は、どのような権利（株主権）を有するかについてみていきましょう」

取締役内定者 「はい。株主の権利って、いままであまり考えたことがありませんでした。配当をもらえたりする権利のことですか？」

そもそも、**株主権**には、「**自益権**」と「**共益権**」があります。

自益権とは

株主は、会社から経済的な利益を受ける権利を有しており、これを**自益権**といいます。

その代表例は、**剰余金配当請求権**（会社法105条1項1号）ですが、このほかにも、株主の投下資金の回収を保証する目的の**残余財産分配請求権**（同法105条1項2号）および**株式買取請求権**（同法116条、469条、785条、797条、806条）なども含まれます。

なお、自益権は、すべて各株主が独自に行使できる単独株主権です。

┌─**【自益権（会社から経済的な利益を受ける権利）の例】**─┐
①剰余金配当請求権　②残余財産分与請求権
③株式買取請求権　　④株主名簿の名義書換請求権

⑤株券発行請求権

⑥募集株式の割当てを受ける権利　など

 ## 共益権とは

　自益権のほか、株主は**共益権**を有しています。共益権とは、会社の経営に参与し、あるいは取締役等の行為を監督是正する権利をいいます。

　その代表例は、株主総会における**議決権**（会社法105条1項3号）**の**行使です。そのほか、**株主総会決議取消の訴えをする権利や取締役等の違法行為の差止め請求権**のように、会社運営を監督是正する権利（**監督是正権**）が含まれます。

　共益権は、自益権と異なり、権利行使の効果が他の株主に及ぶことになります。そこで、共益権には、各株主が独自に行使できるもの（**単独株主権**）と、一定の議決権数、総株主の議決権の一定割合または発行済み株式の一定割合を有する株主のみが行使できるもの（**少数株主権**）とがあります（後述）。

---【共益権の例】---

● **会社経営に対する関与に関するもの**

　①株主総会の議決権　②株主総会における説明請求権

　③提案権　　　　　　④累積投票請求権

　⑤総会招集権　など

● **取締役等の行為の監督是正に関するもの**

　①株主総会決議の取消請求権

　②株式発行・自己株式処分・新株予約権発行の無効請求権

　③設立・資本金額減少・組織変更・合併・吸収分割または新設分割・株式交換または株式移転の無効訴権

　④株主代表訴訟提起権　　　⑤違法行為の差止め請求権

⑥役員の解任請求権　　⑦特別清算等申立て権

⑧会計帳簿の閲覧権　　⑨取締役会の招集請求権

⑩検査役の選任請求権　⑪解散請求権　　など

　なお、株主の代表的権利である議決権の行使について、株主は、原則として1株につき1個の議決権を有しています。

　議決権のない（あるいは制限された）株式としては、議決権制限株式（優先的に剰余金の配当を受けることができる代わりに株主総会における議決権の行使に一定の制限が課されている株式）、自己株式、ある会社（A社）の議決権の総数の4分の1以上を他の株式会社（B社）が有する場合にA社が有するB社の株式（相互保有株式）、単元未満株式があります。

【議決権の行使】

　一株一議決権の原則…株主総会において、各株主が、原則として、その有する株式1株につき1個の議決権を有すること

　例外）議決権制限株式、自己株式、一定の要件の下の相互保有株式、単元未満株式

株主権行使の要件

　前述のように、株主権については、各株主が単独で行使可能な単独株主権と、一定の議決権数、総株主の議決権の一定割合または発行済み株式の一定割合を有する株主のみが行使できる少数株主権があります。

　次ページの表で、それぞれの株主権の行使要件の例をチェックしておきましょう。

◎株主権の行使要件◎

単 独 株 主 権		
議決権数または株式数の要件	6か月以上の株式保有の要否（公開会社のみ）	具体例
❶ ——	——	株主提案権（取締役会非設置会社の場合）、設立無効等の訴え、累積投票請求権、募集株式発行差止請求権等
❷ ——	要	株主代表訴訟、取締役・執行役の違法行為差止請求権

少 数 株 主 権		
議決権数または株式数の要件	6か月以上の株式保有の要否（公開会社のみ）	具体例
❶ 議決権数1／100以上または議決権300個以上	要	株主提案権（取締役会設置会社の場合）
❷ 議決権数1／100以上	要	総会検査役選任権
❸ 議決権数3／100以上または発行済株式数3／100以上	——	帳簿閲覧請求権、検査役選任請求権
❹ 議決権数3／100以上	——	取締役の責任軽減への異議権
❺ 議決権数3／100以上または発行済株式数3／100以上	要	取締役等の解任請求権
❻ 議決権数3／100以上	要	総会招集請求権
❼ 議決権数1／10以上または発行済株式数1／10以上	——	解散判決請求権
❽ 法務省令（会社法施行規則197条等）で定める以上の議決権数	——	簡易合併等の反対権

（※）発行済株式数は、自己株式を除く

株主総会では何を
決めなければならない？

取締役内定者「株主は株主総会において議決権を行使しますが、株主総会では何を決めるか、法律で決まっているのですか？」

弁護士「株主総会の決議事項は、取締役会設置会社か、非設置会社かによって異なります。取締役会設置会社については、原則として業務執行を取締役会の決定に委ねているため、取締役会非設置会社に比べて、株主総会で決する事項の範囲は狭いのです。それぞれみていきましょう」

取締役会設置会社の場合

　取締役会設置会社においては、株主総会は**法令に規定する事項または定款に定めた事項にかぎり**決議することができます（会社法295条2項）。これらの事項に該当しない事項について株主総会で決議をしても、無効です。

　また、取締役会設置会社の株主総会においては、招集者が会議の目的を定めて株主に通知した事項以外は決議できません（同法309条5項）。

　なお、定款において株主総会決議事項を定めることはまれです。これを定めることにより、取締役会の権限を制限すると、機動的な意思決定の妨げになるからです。

　取締役会設置会社の株主総会で決められる事項をまとめると、以下のとおりです。

①法令に定める事項

- 会社の基礎に根本的変動を生ずる事項（定款変更、合併、会社分割、株式交換・株式移転、事業譲渡、資本金の額の減少等）
- 機関等（取締役、会計参与、監査役、会計監査人等）の選任・解任に関する事項
- 計算に関する事項（計算書類の承認等）
- 株主の重要な利益に関する事項（剰余金の処分・損失の処理、全株式譲渡制限会社における募集株式の発行等、公開会社における第三者に対する特に有利な払込金額による募集株式の発行等）
- 取締役等の専横の危険のある事項（取締役等の報酬等の決定、事後設立等）

②定款に定める事項

 ## 取締役会非設置会社の場合

　取締役会非設置会社の株主総会は、強行規定または株式会社の本質に反しないかぎり、**会社の組織・運営・管理その他会社に関する一切の事項**につき決議できます（会社法295条1項）。

　また、招集者が当該会議の目的として定めた事項以外の事項も決議できます（同法309条5項参照）。

　取締役非設置会社の株主総会で決められる事項は、取締役会設置会社の株主総会決議事項より範囲が広く、取締役会設置会社に関する上記①であげた事項のほかに、譲渡制限株式の譲渡（取得）承認（同法139条1項）、自己株式の取得価格や取得条項つき株式を取得する日等の決定（同法157条1項、462条1項2号イ、168条1項等）、株式の分割の決定（同法183条2項）、

取締役の競業・利益相反取引の承認（同法356条1項）等が含まれます。

 ## 種類株主総会の権限

　株式会社が、配当や権利内容の異なる株式を発行した場合、それぞれの株式を**種類株式**といいますが、種類株主総会は、法令に規定する事項および定款で定めた事項にかぎり、決議することができます（会社法321条）。

【種類株主総会の決議事項】
①法令に規定する決議事項
- ある種類の種類株主に損害を及ぼすおそれがある場合における当該行為の承認
- 拒否権付種類株式を設けた場合における拒否権の対象事項
- 種類株主総会により取締役・監査役を選・解任できる株式を設けた場合における当該選・解任
- 種類株式に譲渡制限または全部取得条項を付す場合における定款変更
- 譲渡制限株式（またはそれを目的とする新株予約権）の募集
- 合併等の組織再編行為において譲渡制限株式等を割り当てられる場合等の合併契約等の承認

②定款で定めた決議事項（例）
- 譲渡制限種類株式に関する譲渡承認
- 取得条項つき種類株式に関する取得の日等の決定
- トラッキング・ストックに関するその連動対象である子会社の役員等の選・解任権　など

会社のしくみと取締役の役割を知っておこう

1-6

株主総会の決議の要件は？

弁護士 「株主総会の決議要件については、ご存じですか？」

取締役内定者 「えっ、過半数で決めるんじゃないんですか？」

弁護士 「前項で述べたとおり、株主総会にはさまざまな決議事項がありますが、それぞれの決議事項により、定足数と決議の要件が異なるのです」

普通決議事項の定足数と決議要件

　株主総会の決議事項のうち、もっとも多いのは、**議決権の過半数を有する株主が出席し（定足数）、出席株主の議決権の過半数（決議要件）の賛成**が必要な普通決議事項です（会社法309条1項）。法律や定款で特別の決議要件が定められていない決議事項は、これに該当します。

　定足数は、定款で加減・廃除することが可能ですが、役員の選・解任については、定款においても定足数を議決権の3分の1未満に定めることはできませんので、注意が必要です（同法341条）。

　なお、定款で定足数の要件をはずし、出席株主の議決権数の過半数で決議が成立する旨を定めている会社も多く見受けられます。

特別決議事項の定足数と決議要件

　特別決議とは、**議決権の過半数を有する株主が出席し（定足数）、出席株主の議決権の３分の２以上（決議要件）の多数の賛成**が必要な決議事項のことをいいます（会社法309条２項柱書前段）。

　ただし、定足数については、定款で３分の１まで軽減することができます。また、決議要件は定款で引き上げることが可能です。そして、一定数以上の株主の賛成を要するなどの要件を定めることもできます。

【特別決議事項】

①自己株式の取得に関するもの
　●特定の株主からの自己株式買受け
　●全部取得条項付種類株式の取得　ほか
②株式の発行等に関するもの
　●株式の併合
　●非公開会社における募集株式の発行等にかかる事項
　●公開会社における募集株式の有利発行等　ほか
③新株予約権に関するもの
　●非公開会社における新株予約権の募集事項等
　●公開会社における新株予約権の有利発行にかかる募集事項
　　等　ほか
④他の機関に関するもの
　●監査役、累積投票で選任された取締役の解任
　●役員等の対会社責任の一部免除
⑤会社の基礎的な変更に関するもの
　●資本金の額の減少

- 定款の変更　　●事業譲渡　　●解散
- 合併　　●会社分割　　●株式交換　　●株式移転

特殊決議事項の定足数と決議要件

　上記の普通決議と特別決議が主な決議事項ですが、このほかに、法律上、さらに重い要件が定められた決議事項があります。

①議決権の過半数を有する株主が出席し（定足数）、かつ議決権の３分の２以上（決議要件）の多数で決定すべき事項
- 全部の株式につき譲渡制限をする旨の定款変更
- 一定の合併、一定の株式交換、一定の株式移転

②総株主数の半数以上（定足数）、かつ議決権の４分の３以上（決議要件）の多数で決定すべき事項
- 公開会社でない会社が、剰余金の配当、残余財産の分配、および議決権につき、株主ごとに異なる取扱いをする旨を定款で定める場合

株主総会決議の省略

　株主総会の決議事項につき、決議を省略して、議決権を行使できる株主の全員が書面または電磁的記録により提案内容に同意の意思表示をすることにより、提案を可決するための株主総会決議があったものとみなすことが認められています（**書面決議**）。親族経営の会社など、閉鎖的な会社において、手続きを簡素化するために有効な手続きです。

　普通決議事項だけではなく、特別決議事項、特殊決議事項についても、この手続きを使うことが可能です。

1-7

株主総会は招集手続きが大事

取締役内定者 「株主総会は、会社にとって非常に重要なことを決める機関だということがわかりました」

弁護士 「株主総会において、会社の経営にかかわる重要な事項を決議したにもかかわらず、その招集手続きや決議方法に法令・定款違反または著しい不公正があった場合、その決議は取り消されてしまう可能性があります（後述の１－９参照）。大事な決議の効力を失わせないためにも、招集手続きは、慎重に行なわなければなりません」

 招集手続きのしかた

①招集時期

● 定時株主総会…毎事業年度の終了（決算期）後一定の時期（権利行使の基準日を定めた場合は、基準日から３か月以内）（会社法296条１項）

● 臨時株主総会…必要があるときは、いつでも招集可能

②招集権者

　取締役（取締役会設置会社では取締役会）が、①開催の日時・場所、②議題（株主総会の目的事項）、③書面投票・電子投票を認めるときはその旨（株主数1,000人以上の会社は書面投票が必須）、その他法務省令で定める事項を決定し、原則として取締役（通常は代表取締役）が招集します（同法296条３項）。

例外として、少数株主（6か月前から総株主の議決権の100分の3以上を有していた株主（定款で要件緩和可能。なお、株式譲渡制限会社はこの保有要件は不要です））は、取締役に対し、株主総会の招集を請求（同法297条1項2項）し、招集手続きがとられないときは、裁判所の許可を得てみずから招集することができます（同法297条4項）。

③招集通知

【取締役会設置会社の場合】

取締役は、株主総会の2週間前までに（株式譲渡制限会社については原則1週間前までに）、議決権を行使できる株主に対し招集通知を発送しなければなりません（電磁的方法も可能）。

取締役は、定時株主総会の招集通知に際して、株主に対し、計算書類・事業報告のほか、監査役または会計監査人を設置している会社では、監査報告・会計監査報告を提供しなければなりません（同法437条）。

なお、書面投票、電子投票を採用する株主総会または株主が1,000人以上の会社の株主総会においては、招集通知のときに、議決権の行使について参考となるべき事項を記載した書類（株主総会参考書類）と、株主が議決権を行使するための書面（議決権行使書面）を交付しなければなりません。

【取締役会非設置会社の場合】

株主総会の招集通知は、株主総会の1週間前までに（定款で短縮可能）株主に対し発すれば足り、書面または電磁的方法による議決権行使を認める場合を除き、書面によらなくてもよく、さらに、株主総会の目的である事項などを記載・記録することも要求されません。

◎株主総会の招集手続き◎

	取締役会設置会社	取締役会非設置会社
招集権者	取締役会の決議にもとづき取締役（通常は代表取締役）が行なう	取締役
招集通知の発送時期	株主総会の２週間前まで（株式譲渡制限会社については原則１週間前まで）	株主総会の１週間前まで（定款で短縮可能）
招集通知の方法	原則書面（株主の承諾がある場合は電磁的方法（電子メール）可）	口頭可（株主の承諾がある場合は電磁的方法（電子メール）可）

 招集手続きの省略

　議決権を行使できる株主全員が同意した場合は、原則として、株主総会の招集手続きを省略することが可能です（会社法300条本文）。

　ただし、株主総会に出席しない株主が書面または電磁的方法により議決権を行使することができる旨を定めている会社の場合は、招集手続きを省略できません（同条ただし書）。

　なお、株主が１人しかいない会社については、その株主が出席すれば株主総会は成立し、招集手続きは必要ないとされています（判例）。

1-8

株主総会の進行と議事録の作成義務

弁護士 「それでは、実際に株主総会はどのように進行していくのか、みていきましょう」

取締役内定者 「はい、お願いします！」

 株主総会の進行のしかた

①議　長

　株主総会・種類株主総会の議長は、定款上、社長にあたる取締役がこれにあたると定めていることが通例です。議長の職務は、議事を公正・円滑に運営することです。

②議事の進行

　株主総会の議事の進行は、次ページ図のように進められることが通例です。

③説明義務

　取締役、会計参与、監査役、執行役は、株主から特定の事項につき説明を求められた場合は、当該事項に関して説明しなければなりません（会社法314条本文、325条、976条9号）。

　もっとも、①その事項が会議の目的たる事項（報告事項・決議事項）に関しないものであるとき、②説明することにより株主の共同の利益を著しく害するとき（営業秘密等）、③その他、正当な理由がある場合として法務省令で定めるときは、説明を

◎株主総会の議事進行のモデル◎

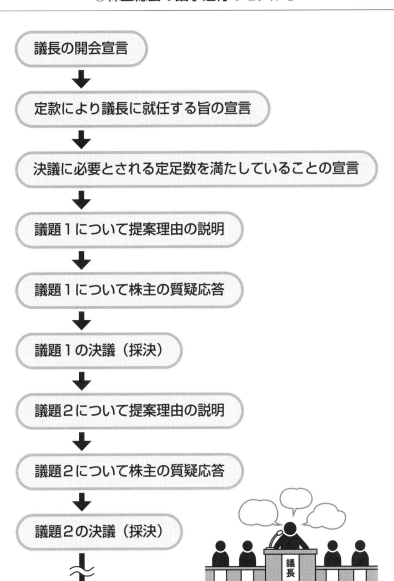

議長の開会宣言

↓

定款により議長に就任する旨の宣言

↓

決議に必要とされる定足数を満たしていることの宣言

↓

議題1について提案理由の説明

↓

議題1について株主の質疑応答

↓

議題1の決議（採決）

↓

議題2について提案理由の説明

↓

議題2について株主の質疑応答

↓

議題2の決議（採決）

議長

閉会宣言

拒絶することが可能です。

「法務省令で定める場合」には、説明をするために調査が必要な場合、説明をすることにより会社その他の者の権利を侵害する場合、当該総会において実質的に同一の事項について繰り返し説明を求める場合、その他、説明を求められた事項につき説明をしないことについて正当な理由がある場合があります。

質問の機会をまったく与えなかった場合、不当に説明を拒絶した場合、不実の説明をした場合、正当な事由がないのに不十分な説明しかしなかった場合は、いずれも決議の方法が法令違反となり（裁判例）、**株主総会の決議の取消しの訴えの事由**となりますので、十分に気をつける必要があります。

仮に、株主から説明義務違反にもとづき株主総会の決議の取消しの訴えがなされた場合、説明義務を果たしたことの証明をしなければならなくなります。株主総会に際しては、録音をするなどして記録を残すことも考えられるとよいと思います。

議事録の作成義務

株主総会・種類株主総会の議事については、法務省令に定められた事項を内容とする議事録を作成しなければなりません（会社法318条1項、325条）。

議事録は、書面または電磁的記録により作成します。

なお、議事録は総会の日から本店に10年間、支店に5年間保管することが必要です。

1-9 株主総会の手続きに瑕疵があると、どうなるの？

取締役内定者「いろいろと株主総会の手続きについてみてきましたが、それに従わないとどうなるんですか？」

弁護士「株主総会決議の効力が認められなくなる可能性があります。株主総会の手続きは、法的に万全に進行しなければなりません。会社の重要事項を定める株主総会が無効になれば、会社の存続にもかかわりかねませんからね。一方で、『手続きに瑕疵がある＝当然に無効』というわけではありません。株主総会の決議は、多くの人の利害関係にかかわるため、一定の手続きを経ないと、決議の効力を否定することはできないように定められています」

手続きに瑕疵があると決議が無効になる!?

　会社法は、会社への訴えを規定し、株主総会決議の効力が否定される場面を限定しています。以下、要件をみてみましょう。

①決議不存在の訴え（会社法830条1項）

提訴期間	定めなし
提訴権者	誰でも可能
不存在事由	議事録が作成されているが、集会がなかった場合等、株主総会の決議の存在が認められない場合

②決議の無効の確認の訴え（同法830条2項）

提訴期間	定めなし

提訴権者	誰でも可能
無効事由	決議内容が法令に違反していること

③決議取消しの訴え（同法831条）

提訴期間	株主総会決議の日から3か月以内。
提訴権者	株主・取締役（監査等委員会設置会社においては、監査等委員である取締役またはそれ以外の取締役）・監査役・執行役・清算人。 なお、議決権制限株主や単元未満株主も、①決議の内容が定款に違反する場合や、②特別利害関係人が議決権を行使した結果著しく不当な決議がなされた場合には、決議の取消しの訴えを提起することができる。
取消事由	①招集手続または決議方法の法令・定款違反、または著しい不公正（会社法831条1項1号） ●取締役会設置会社において代表取締役が取締役会の決議なしに株主総会を招集した場合（判例） ●一部の株主に対する招集通知が欠けていた場合（判例） ●招集通知の発送時期が遅かった場合（判例） ●招集通知に会議の目的たる事項または議案の要領の記載がないか不備である場合（判例） ●騒然と混乱した会場において、議題の説明もなく、質疑討論の機会を与えず、出席株主にも賛否の確認をしない状態において、拍手による採決方法をとり強引に決議を成立させたような場合（裁判例）など ②決議内容の定款違反（同法831条1項2号） ③特別利害関係人が議決権を行使した結果、著しく不当な決議がなされたとき（退職慰労金を支給する会議において支給を受ける者が議決権を行使した場合（裁判例）など）
裁量棄却	裁判所は、決議に取消事由があっても、取消事由が招集手続きまたは決議方法の法令・定款違反であるときは、①違反する事実が重大ではなく、かつ②決議の結果に影響を及ぼさないものと認めるときは、当該訴えを裁量により棄却することができる。

1-10

取締役についての基礎知識

弁護士「経営の専門家として取締役に就任する場合には、従業員から取締役に昇進するケース、外部から取締役に就任するケースなど、いろいろなパターンがあると思います。取締役の役割や責任等について、まずは概要をおさえておきましょう（詳細は後述します）」

取締役内定者「いよいよキモの部分ですね。よろしくお願いします！」

 ## 取締役の契約形態 （詳細は80ページ）

従業員は会社との間で労働契約（雇用契約）を締結しています。これと異なり、取締役は会社との間で、その経営について、**委任契約を締結**します。

従業員の地位は、労働関係の法律で手厚く保護されており、容易に雇用契約を解消できない（会社から解雇できない）のはご承知のとおりですが、取締役と会社の委任契約は、原則として**いつでも解消できる**点で、その契約形態は大きく異なります。

もっとも、従業員としての地位を維持したまま取締役に就任することもありますので（使用人兼務取締役）、契約内容は十分に確認してください。

 ## 取締役の選任 （詳細は124ページ）

取締役は、**株主総会にて選任**されます。特に、外部から取締

役を招聘する場合は、事前に会社から任期や報酬、役職についての打診があることが多いでしょう。

　なお、取締役になることができないのは、法人、成年被後見人または被保佐人、金融商品取引法・破産法等により処罰された者等です（会社法331条1項）。

　2人以上の取締役を同じ株主総会において選任する場合は、**累積投票制度を適用する**ことが可能です。

　累積投票制度とは、各株主に1株あたり（単元株制度を採用している場合は1単元あたり）選任される取締役数と同数の議決権（たとえば、4人選任のときは1株あたり4議決権）を認め、各株主はその議決権を特定の取締役に集中して投票するか、分散して投票するか自由に決めることができる制度です。

　もっとも、2人以上の取締役を選任する場合は、必ず累積投票制度が採用されるわけではなく、当該株主総会の5日前までに株主（当該株主の株式保有数は問わない）から書面により累積投票制度の採用の請求があったときにかぎります（同法342条2項）。また、定款によって完全に排除することもできます（同法342条1項、同条5項、同法施行規則97条）。

 取締役の任期（詳細は128ページ）

　取締役の任期は、原則として**選任後2年以内に終了する事業年度のうち最終のものに関する定時株主総会の終結のとき**までですが、定款または株主総会決議により短縮可能です。

　また、監査等委員会設置会社および指名委員会等設置会社でない非公開会社については、定款により10年まで伸長可能です（会社法332条2項）。

取締役の報酬 （詳細は84ページ）

取締役の報酬は、従業員の給与とは異なります。

従業員の給与は、容易に減額（不利益変更）できません。しかし、取締役の報酬は、株主総会の決定により決まり、会社の業績等によって、大幅に減額されることもあり得ます。その手続きや例外等については、後述します。

取締役の地位

①取締役会設置会社と非設置会社の取締役

取締役会設置会社において、取締役は取締役会の一構成員にすぎませんが、取締役会非設置会社においては、会社の機関のひとつとしてより大きな重責を担っています。

②代表取締役 （詳細は96ページ）

代表取締役は、対外的に会社を代表し、取締役会が決定した業務執行方針に従い、業務執行する役割を担っています。取締役会しか決めることができない専決事項を除き、業務執行に関する多くの権限を任されていることが多く、他の取締役に比して権限も責任も大きいものといえます。

③使用人兼務取締役 （詳細は102ページ＆4章）

取締役のなかには、使用人（従業員）兼務の場合もあります。この場合、使用人兼務取締役と会社との間には、委任契約と労働契約（雇用契約）が並存する形になりますので、その地位および契約状況については、しっかり把握することが必要です。

④その他（詳細は99、106ページ）

　社外取締役、特別取締役などもあります。

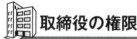
取締役の権限

①取締役会非設置会社の場合

　原則として各取締役が会社を代表し、業務執行を担っていますが、代表取締役を定めることも可能です。取締役が2人以上いる場合は、過半数で業務執行を決定します。

②取締役会設置会社の場合

　各取締役は、取締役会のメンバーとして業務執行を決定し、代表取締役が実際の業務を執行します。その他の取締役は、その業務執行を監督します。

取締役の義務

　取締役は、前述のとおり、会社の業務執行について大きな権限を有していますが、それに伴い、以下の義務を負っています。取締役に就任した際は、権限以上に、義務や責任についてよく把握し、責任を問われないように十分に気をつけてください。

①善管注意義務と忠実義務（詳細は6-2）

　取締役として通常期待される程度の注意深さをもって会社に損害を与えないようにする注意義務（善管注意義務）を負っています。そして、法令・定款および株主総会決議を遵守し、会社のために忠実にその職務を行なわなければなりません（忠実義務）。

②競業避止義務（詳細は6－3）

　取締役が自己または第三者のために会社の事業の部類に属する取引をしようとするときは、取締役会非設置会社については株主総会の承認を、取締役会設置会社については取締役会の承認を得なければなりません。

③利益相反取引の制限（詳細は6－4）

　取締役が当事者として、または他人の代理人・代表者として、会社と取引をしようとするときは、取締役会非設置会社については株主総会の承認を、取締役会設置会社については取締役会の承認を得なければなりません。

取締役の会社に対する責任（詳細は6－5～6－9）

　取締役は、職務執行上、任務を怠ったことにより会社に損害を生じさせた場合には、それを賠償する責任を負います。

第三者に対する責任（詳細は6－10）

　取締役は、職務執行上、悪意・重過失による任務懈怠があったときは、第三者に対しても責任を負います。

名目的取締役の責任（詳細は6－13）

　「名前だけ貸す」という約束で取締役になっても、取締役としての責任を追及される場合はあります。安易に名目的取締役に就任してはいけません。

取締役の終任

　取締役は、任期満了、破産、解任または辞任により終任します。

解任については、いつでも株主総会の決議によって解任することが可能です（会社法339条）。

解任決議が成立しなかった場合でも、その取締役が不正の行為をしたとき、または法令もしくは定款に違反する重大な事実があったときは、少数株主による解任の訴えを起こすことも可能です（同法854条）。

権利義務承継取締役となる場合

取締役を辞めた後も、**法令・定款所定の取締役の人数が欠けた場合は、後任の取締役が選任されるまで、なお取締役としての権利・義務を有することになります**（会社法346条1項。詳細は5-4）。取締役を辞める際は、人数が欠けないように、十分に気をつけましょう。

コラム

社外取締役とは？

社外取締役とは、以下の要件を満たす取締役のことをいいます（会社法2条15号）。

- 会社または子会社の業務執行取締役等ではなく、就任前10年間その会社または子会社の業務執行取締役等でなかったこと
- 就任前10年以内にその会社または子会社の取締役、会計参与または監査役であった者（業務執行取締役等は除く）については、その就任前10年間、業務執行取締役等でなかったこと
- 現在、親会社の取締役、使用人等でないこと
- 現在、親会社の子会社等（兄弟会社）の業務執行取締役等でないこと
- 当該会社の取締役等の配偶者または2親等以内の親族でないこと
令和3年3月施行の改正会社法327条の2により、監査役会設置会社（公開会社かつ大会社に限る）であって、上場会社は、1名以上の社外取締役設置が義務づけられました。

1-11

取締役会の設置

取締役内定者 「うちの会社は取締役会設置会社です。取締役会について、教えてください」

弁護士 「取締役会設置会社の場合は、前述のように株主総会から取締役会に一定の権限が委譲されますから、取締役会において重要な事項を定めることも多くあります。取締役会を設置するとどうなるのか、しっかりみていきましょう」

取締役会とは

　取締役会とは、取締役全員で構成し、その会議により**業務執行に関する会社の意思決定をする**とともに、**取締役の職務執行を監督する**会社の機関をいいます。このほかにも、代表取締役の選定と解職といった職務を行ないます（会社法362条2項）。

　取締役会を設置すると、**株主総会の決定機能が大幅に取締役会に移される**ことになります。株主総会では、会社法や定款で定められた事項のみ決定し、経営方針や具体的な業務執行については、取締役会で決することとなります。

取締役会を設置するには

　取締役会設置会社とするには、**取締役は3名以上必要**で、取締役会は取締役のうち1名以上を代表取締役に選任しなければなりません。

なお、公開会社、監査役会設置会社、監査等委員会設置会社および指名委員会等設置会社には取締役会設置義務があることは、前述のとおりです（会社法327条1項）。

　このほかの会社でも、特例有限会社以外の会社は、定款に定めることにより取締役会を設置することが可能です。

取締役会で決議すること

　ここで注意したいのは、株主総会から決定機能が移行されるのは、各取締役にではなく、すべての取締役により構成される取締役会という会議体（会社法362条1項）だということです。

　とすると、株主に代わって決定するからには、会社の運営にかかるすべての事項を取締役会で決定することが理想的ではあります。

　しかしながら、実際には、それぞれの業務について事細かに取締役会で決めるのでは、業務の遂行が遅滞し、会社の利益にとっても望ましくない事態が生じるおそれがあります。

　そこで会社法は、機動的な会社運営の観点から、最低限取締役会で定めなければならない以下の事項（**取締役会専決事項**。同法362条4項）を定め、株主総会により定めなければならない事項、下記事項および定款で取締役会が定めることが規定されている事項を除いては、各取締役に業務の決定をゆだねることを許しています。

┌──【取締役会の専決事項】───────
①重要な財産の処分および譲受け
②多額の借財
③支配人その他の重要な使用人の選任および解任
④支店その他の重要な組織の設置、変更および廃止
⑤社債の募集

⑥内部統制システムの構築（取締役の職務の執行が法令お
　よび定款に適合することを確保するための体制その他株
　式会社の業務の適正を確保するために必要なものとして
　法務省令で定める体制の整備）
⑦定款規定にもとづく取締役等の責任の一部免除

　なお、大会社である取締役会設置会社においては、取締役会
は、上記⑥内部統制システムの構築に関する事項を必ず定めな
ければなりません（同法362条5項）。

　また、①重要な財産の処分および譲受け、②多額の借財につ
いては、会社の規模および業種により異なるため、画一の基準
はなく、取引の種類や相手方等により、個別具体的に判断され
ます。

　判例も、重要な財産の処分に該当するかは、当該財産の価格、
会社の総資産に占める割合、保有目的、処分の態様、従来の取
扱い等の事情を総合考慮して判断しています。

　最近のトピックとしては、令和3年3月施行の会社法361条
7項、会社法施行規則98条の5により、上場会社等において取
締役の個人別の報酬の内容が株主総会で決定されない場合には、
取締役会においてその決定方針を定めなければならないことに
なりました。

　取締役会設置会社と取締役会非設置会社では、法定の株主総
会決議事項が異なることは、前述のとおりです（☞1-5。27
ページ）。

1-12

取締役会の招集手続き

取締役内定者 「取締役会も、株主総会のように招集などに関する手続きがあるんですか？」

弁護士 「はい、あります。取締役会に関する手続きについてみていきましょう」

取締役会開催の頻度

取締役会は、常設の機関ではなく、**必要に応じて開催**されますが、**最低3か月に1回は開催**しなければなりません。なぜなら、会社法上、代表取締役や業務執行取締役は、3か月に1回以上、自己の職務の執行の状況を取締役会に報告しなければならないからです（会社法363条2項）。実際には、1か月に1回程度、開催する会社が多いようです。

取締役会をまったく開催しなかったり、欠席を続けると、取締役の職務を怠っていることになりますので、注意しましょう。

取締役会は誰が招集するのか

取締役会は、会社法上では各取締役が招集できるとされていますが、多くの会社は、定款または取締役会により、**代表取締役を取締役会の招集権者と定めていることが多い**ようです。

招集権者と定められなかった取締役も、代表取締役に対し、取締役会の目的事項を示して取締役会の招集を請求できます。

この場合、招集権限のある取締役は、請求のあった日から5

日以内に、請求の日から２週間以内に開催する取締役会の招集
手続きを行なわなければなりません。それでもなお招集手続き
を行なわない場合は、招集請求した取締役自身が取締役会を招
集可能です。

　さらに、取締役の行為が法令や定款に違反していたりそのお
それがある場合、会社の目的に反する場合などは、監査役、会
計参与設置会社における株主に、そして指名委員会等設置会社
における委員や執行役にも、同様に招集を請求する権利が認め
られ、一定の場合には自ら取締役会を招集することができます。

 ## 取締役会の招集通知の方法

　取締役会の招集通知は、書面によらなくても、**口頭でもかま
いません**。ただし、後日の紛争防止のためには、書面で通知す
ることが望ましいといえます。招集通知にモレがあり、出席で
きない取締役や監査役がいると、当該取締役会の決議は無効と
される可能性もあるからです。

　招集通知は、日時および場所が記載されていれば足り、必ず
しも議題をすべて記載する必要はありません。

 ## 取締役会の招集通知の発送時期

　取締役会の招集通知は、**取締役会開催日の１週間前まで**に各
取締役および監査役に発送する必要があります。

　この期間は定款で短縮することが可能で、多くの会社は開催
日の２、３日前に規定していることが多いようです。

招集手続きの省略

　取締役と監査役の全員が取締役会の開催に同意し、日時およ
び場所を知っている場合は、招集手続きの省略が可能です。

1-13

取締役会の運営のしかた

取締役内定者 「取締役会においても、株主総会のように細かい決議要件があるのでしょうか？」

弁護士 「株主総会ほどは多くはありませんが、取締役会にもいくつか要件が定められています」

取締役会には誰が出席するのか

取締役会には、取締役と監査役が出席します。

実際の取締役会においては、必要に応じて一般従業員や顧問弁護士等を出席させたりすることもあるようです。

取締役会の議事の運営と定足数

一般的には、招集権者として定款で定められた代表取締役が議長を務め、議事を運営することが多いといえます。

なお、取締役会は、**テレビ会議や電話会議により開催することも可能**とされています。

取締役会の定足数は、**取締役の過半数**であり、それを満たさない場合は開催できません。なお、定足数は定款で加重することは可能です。

当該取締役会における決議事項について特別な利害関係をもつ取締役（次の「決議要件」を参照）は、定足数にはカウントされません。

取締役会の決議要件

　取締役会の決議は、**出席取締役の過半数の賛成**で行ないます。この要件も、定款で加重することが可能です。なお、取締役は代理人を立てることはできません。

　決議の際に非常に重要なのは、当該議題について**特別な利害関係をもつ取締役（特別利害関係人）は、決議に参加できない**ということです。

　たとえば、代表取締役の解任決議における代表取締役や、ある取締役が株式の大半を有する会社に対し重要な財産を譲渡する場合の当該取締役などは、会社の利益および決議の公正の観点から、決議に参加すべきではありません。

 ## 書面による決議もOK

　定款に、取締役会の決議を書面ですることを認める規定があり、決議に参加することができる取締役の全員が、書面や電子メールで同意している場合は、取締役会を開催しなくても、その議案を決議したものとして扱われます。

　ただし、監査役設置会社においては、監査役が提案事項に異議を唱えないことも必要です。

　もっとも、**報告のための取締役会は現実に開催すること**とされており、3か月に一度は取締役会を開催することは必要です（会社法363条2項）。

 ## 取締役会議事録の作成

　取締役会の議事については、書面あるいは電磁的記録（コンピュータデータ）で議事録の作成をしなければなりません。

　議事録には、開催の日時、場所、定足数、議事の経過と結果、

特別利害関係人等を記します。

　なお、決議事項について反対した取締役がいた際には、その旨も記載しなければなりません。議事録に反対したことをとどめておかないと、決議に賛成したものと推定されてしまいます（会社法369条5項）。決議事項に反対をした場合は、必ず議事録に記載してもらいましょう。決議に賛成したものと推定されると、株主訴訟等で責任を問われた際に、その推定を覆すのは大変です。

　議事録は、書面による場合は取締役と監査役が記名押印し、電子記録による場合は、電子署名をしなければなりません。

　また、議事録は開催日から10年間、本店に備え置く必要があります。

 ## 特別取締役の設置

　取締役の員数が6人以上で、かつ社外取締役が1人以上いる会社の場合、迅速な意思決定をするために、取締役会で3人以上の「特別取締役」を選出し、①重要な財産の処分、譲受け、②多額の借財については、当該特別取締役のみで決議をすることが認められています（会社法373条）。ただし、指名委員会等設置会社は特別取締役を置くことができず（同条1項）、監査等委員会設置会社については、原則として設置できるものの、一定の場合には設置できないので（同条2項）、気をつけてください。

　この特別取締役を設置するときは、登記が必要です。

　なお、特別取締役の決議については、実際に開催しないで書面による持ち回り決議をすることはできません。

取締役会議事録

開催日時　20XX年○月○日（○）午前10時
開催場所　当社本社会議室
出 席 者　取締役3名中3名　　○○○○、○○○○、○○○○
　　　　　監査役1名中1名　　○○○○
　以上により、所定の定足数が満たされたので代表取締役社長○○○
○は議長となり、開会を宣言し議事に入る。

議題
　報告事項
　　1　○○報告の件
　　　　議長の指名により、○○取締役から、○○について、添付資
　　　料のとおり報告があった。
　決議事項
　　1　取締役会規程改定の件
　　　　議長は本議案を付議し、○○取締役より、○○に伴い、取締
　　　役会規程を別紙のとおり改定したい旨を説明し、議場に諮った
　　　ところ、全員一致で承認可決した。
　　2　○○の件
　　　　・・・・・

　議長は、以上をもって全議題を終了した旨を述べ、午前11時閉会を
宣言した。
　以上、議事の経過および結果を明確にするため本議事録を作成し、
出席取締役および出席監査役は次に記名押印する。

　　　20XX年○月○日
　　　　　　　株式会社Ａ社　取締役会
　　　　　　　　　議長　代表取締役社長　○○　○○　　㊞
　　　　　　　　　　　　取締役　　　　　　○○　○○　　㊞
　　　　　　　　　　　　取締役　　　　　　○○　○○　　㊞
　　　　　　　　　　　　監査役　　　　　　○○　○○　　㊞

添付資料：○○
　　　　　取締役会規程の新旧対照表

取締役会と
内部統制システム構築義務

弁護士 「企業の大きな不祥事があると、『内部統制システム構築義務』という言葉が出てくることがありますが、聞いたことはありますか?」

取締役内定者 「たしかに、内部統制云々というのは、何回か聞いたことがあります。どんな義務ですか?」

内部統制システム構築義務とは

　会社法は、監査等委員会設置会社、指名委員会等設置会社および大会社の監査役設置会社に対し、内部統制システム構築義務を課しています（会社法362条4項6号、399条の13第1項ロおよびハ、同条5項、416条1項ホ、同条2項)。

　内部統制システム構築義務とは、取締役会で取締役（指名委員会等設置会社の場合は執行役）の執行行為が法令・定款に適合し、その他「会社の業務の適正を確保するための体制」の整備について確保する義務です。

　取締役は、善管注意義務を負っていますが、規模の大きな会社については、取締役が個々の職務執行の適法性を監督するのは困難です。そこで、システムにより職務執行の適法性を監督すべく、内部統制システム構築義務が課せられているのです。

内部統制システムの構築方法

　内部統制システムは、取締役会で定めなければなりません（会

社法362条5項)。

監査等委員会設置会社、指名委員会等設置会社および大会社以外の会社については、構築義務はありませんが、内部統制システムを定める場合は、取締役会で定めなければなりません（同法362条4項6号）。

内部統制システムの具体的な内容と運用

内部統制システムの基本方針は、法務省令（会社法施行規則100条、112条）で以下のとおり定められています。

①取締役の職務執行に関する記録の保存・管理などに関する体制
②損失の危険の管理に関する体制
③取締役の職務の効率性を確保するための体制
④法令・定款の遵守体制
⑤当該株式会社ならびにその親会社・子会社からなる企業グループにおける業務の適正を確保するための体制
⑥監査役（監査等委員会設置会社では監査等委員会、指名委員会等設置会社では監査委員会）の職務が実効的に行なわれる体制（監査役の補助者の選定、補助者の独立性、監査役への報告体制）

内部統制システムは、上記のとおり取締役会において定めなければなりませんが、構築およびそれを実際に機能させることは、取締役・監査役の善管注意義務の内容となります。

なお、上場会社には、金融商品取引法にもとづき、事業年度ごとに、必要な**内部統制報告書**を内閣総理大臣に対し提出することが義務づけられています。

相次ぐ企業の不祥事から、内部統制システムの構築は、企業にとって非常に重要な課題となっています。

違反と運用に関する裁判例

裁判例では、内部統制システム構築義務の違反を認めた事例もありますが、逆に、内部統制システムが構築され、適切に運用されていたことを理由に、取締役の善管注意義務違反はないとした事例もあります。ヤクルト本社株主代表訴訟事件（東京地裁／平成16年12月16日判決）をみてみましょう。

【事案の概要】

ヤクルト本社が資金運用業務担当の取締役の指示の下、デリバティブ取引を行ない、同社は約533億2,046万円の損失を被ったことについて、同社株主が、担当取締役らに対し損害賠償を求めた事案です。

【裁判所の判断】

取締役の責任を問うためには、取締役の判断に許容された裁量の範囲を超えた善管注意義務違反があったか否かを問うべきであるとしたうえで、「当該取締役の経営判断がその裁量の範囲内であったか否かは、あくまでも意思決定の行なわれた時点におけるリスクに対する認識可能性やリスク管理体制の水準、さらには当時、会社が置かれていた状況を基準に検討すべきであって、その後現在までに集積された知見や経験をもとに、結果責任を問うものであってはならない」としました。

そのうえで、同社は、リスク管理体制について当時の水準としては一応の体制が整えられているとし、担当取締役について実質的に同社で定めた規制事項に反して取引を行なったとみなされる取引についてのみ違法性を認め、その他の取締役、監査役については、担当取締役による規制違反が金融取引の専門家

でなければ発見できないような態様で行なわれていることから、違法行為に気づかなかったことに監視違反はないとしました。

　この事案においては、内部統制システムが構築され、かつ運用についても取締役の義務違反が認められませんでしたが、事案によっては、内部統制システムが構築されていても、運用が適正でなかったとして取締役の責任を問われるものもあります。
　システムを構築したことに満足せず、その運用についてもしっかりと監督していくことが重要です。

コラム

社外取締役導入の推進

　社内のしがらみや利害関係のない、社外の取締役を採用することにより、取締役会の監督機能の強化が期待できます。そこで、わが国では社外取締役の導入が制度的に推進されてきました。
　東京証券取引所と金融庁は、コーポレートガバナンス・コードを制定し、平成27年6月から上場企業に適用されましたが、そのなかで独立社外取締役を2名以上選任すべきと定めています（原則4−8）。
　さらに、令和3年3月施行の会社法では、上場会社等に社外取締役を置くことが義務づけられました（会社法327条の2）。

代表取締役とは

取締役内定者 「会社の代表は、代表取締役ですよね?」
弁護士 「そうですね。代表取締役はどのような役職か、どのように選任・終任するのかについてみていきましょう」

代表取締役とは

「代表取締役」とは、**会社を代表する取締役**をいいます。

株式会社においては、各取締役が会社を代表するのが原則ですが、代表取締役を選任すると、他の取締役は代表権をもたなくなります。

取締役会非設置会社には、代表取締役を定める義務はありませんが、取締役会設置会社については、必ず定める必要があります。

代表取締役の員数は、1人でも数人でもかまいません。

代表取締役の選任

代表取締役は、取締役会の決議により、取締役のなかから選ばれます。

一般的には、事業年度の終了後に開催される定時株主総会の直後の取締役会において、代表取締役が選任されます。過半数の取締役が出席した取締役会で、過半数の賛成によって選出されます。

なお、代表取締役に選任された場合、その旨を登記しなけれ

ばなりませんが、他の取締役と異なり、代表取締役の場合には、氏名および住所が登記されます。

代表取締役の終任

代表取締役は、取締役を終任すると、その地位を失います。もっとも、代表取締役ではなくなっても、ただちに取締役の地位を失うわけではありません。

なお、代表取締役の終任により、法令・定款で定められた代表取締役の員数を欠いてしまう場合は、当該代表取締役は、原則として後任者が就任するまで、代表取締役としての権利義務を有します（会社法351条1項）。

また、取締役会は、代表取締役を解任する権限を有しています。解任については、特に正当事由は必要とされません。

代表取締役の権限と職務

代表取締役は、対外的な業務執行のため、会社の代表権を有します。対内的・対外的な業務執行権限を有し、株主総会決議および取締役会決議で決められた事項を執行するほか、取締役会で委ねられた事項については、自ら決定し、執行します。

もっとも、以下の取締役会の専決事項については、取締役会で決定しなければなりません。

- ●重要な財産の処分および譲受け
- ●多額の借財
- ●支配人その他の重要な使用人の選任および解任
- ●支店その他の重要な組織の設置、変更および廃止
- ●社債の募集事項の決定
- ●内部統制システムの構築

●役員等の会社に対する責任の取締役会の決議による免除
●その他法令で定められた事項

　代表取締役の代表権は、会社の業務に関する一切の裁判上・裁判外の行為に及ぶ包括的なものです。これを制限しても、制限について知らない第三者には対抗することができません。

　代表取締役は、３か月に一度、取締役会に対して業務執行状況を報告する義務があります（会社法363条）。

 ## 取締役会による監督

　取締役会は、代表取締役に対し、会社の利益を最大に発揮させるように職務を執行することを求めなければなりません。

　代表取締役の職務執行に問題があると考えた場合は、改めるように要求し、さらに改善しない場合は、代表取締役を解任することも考えねばなりません。

　取締役会で反対意見を述べずに放置した場合、意見を言わなかった取締役も連帯責任となります。

1-16

監査役とは

取締役内定者 「うちの会社には、監査役がいますが、監査役に関する規定は、どのようになっているのですか？」

弁護士 「監査役についても、選任・終任の方法や職務についてみていきましょう」

監査役の資格

　まず、監査役については法律上、監査役に就任できない者（法定の欠格事由）がいます（会社法335条1項、331条1項、2項）。具体的には、以下のとおりです。

> ● **法人**（同法331条1項1号）
> ● **成年被後見人または被保佐人**（同法331条1項2号）
> ● **法令で処罰された者等**（同法331条1項3号、4号）
> ● **定款による制限**（同法331条2項ただし書）
> ● **指名委員会等設置会社における、支配人その他の使用人との兼任禁止**（同法331条3項）
> ● **その会社もしくはその子会社の取締役もしくは支配人その他の使用人、または子会社の会計参与（会計参与が法人のときは、その職務を行なうべき社員）もしくは執行役との兼任禁止**（同法335条2項）

　上記のように兼任禁止規定が定められたのは、監査役の監査

機関としての性質上、自己監査を防止するとともに、監査役の地位の独立性を確保して、監査の公正を図ることにあります。

監査役の員数

監査役の員数は、**1人でも数人でもかまいません**。ただし、**監査役会設置会社**においては、**監査役は3人以上で、そのうち半数以上は、社外監査役**でなければなりません（会社法335条3項）。

「社外監査役」とは、過去にその会社または子会社の取締役・会計参与・執行役または支配人その他の使用人となったことがない者をいいます（同法2条16号）。常勤・非常勤の別については、異なる概念ですので気をつけてください。

監査役の任期

監査役の任期は、**4年**（選任後4年以内に終了する事業年度のうち最終のものに関する定時株主総会の終結のときまで）です（会社法336条1項）。

これは、監査役の独立性を保障するための規定であり、定款等によっても短縮することはできない点において、取締役の任期よりも厳格です（同法332条1項参照）。

例外として、非公開会社の場合には、取締役の場合と同様に、定款によって10年まで伸長することができます（同法336条2項）。また、補欠監査役の任期は、定款によって、退任した監査役の任期の満了するときまでとすることが認められます（同法336条3項）。

監査役の選任方法

監査役は、**株主総会の普通決議で選任**されます（会社法329

条1項)。普通決議については、原則として法律の定める定足数を定款によって完全に排除することはできますが、監査役を含む役員の選任決議の定足数は、少なくとも**議決権を行使することができる株主の議決権の3分の1以上が必要**です（同法341条）。

　なお、監査役が選任されたときは、その氏名等を登記しなければなりません。

監査役の同意

　取締役が監査役の選任議案を株主総会に提出する場合は、監査役の過半数の同意を得なければなりません。

　また、監査役は取締役に対し、監査役の選任を株主総会の目的とすること、または監査役の選任に関する議案を株主総会に提出することを請求することができます（会社法343条2項）。

監査役の終任事由

　監査役の終任事由は、以下のとおりです。

- **辞任**（いつでも可能。民法651条）　　●**死亡**
- **破産手続き開始の決定**（もっとも、再度就任することは可能です）
- **成年被後見開始**　　●**解任**　　●**資格の喪失**
- **会社の破産手続き開始の決定**（民法653条）
- **会社の解散**

監査役の解任

　監査役は、いつでも**株主総会の特別決議によって解任する**こ

とが可能です（会社法341条、309条2項7号、342条6項）。

　もっとも、解任された者は、その解任について正当な理由がない場合は、会社に対し、解任によって生じた損害の賠償を請求することができます（同法339条2項）。

　なお、株主総会で賛成多数が得られず解任決議が成立しなかった場合は、少数株主が裁判所に解任の訴えを提起することができる制度もあります（同法854条）。解任の訴えを提起するには、当該役員に職務執行に関する不正行為または重大な法令・定款違反の事実があったことも必要です。

監査役の欠員

　監査役の終任により、法定または定款所定の監査役の員数が欠ける結果になった場合は、後任の役員を選任しなければなりません。

　員数が欠けている場合は、後任者が就任するまで、監査役としての権利義務を有することになります（会社法346条1項）。

監査役の職務と権限

　監査役の職務と権限は、**会計監査を含む会社の業務全般の監査**に及びます。

　会計監査については、計算書類ならびに附属明細書および臨時計算書類を監査し、**監査報告書を作成**します。

　また、取締役の職務執行が法令および定款に適合しているかどうかを監査します（**適法性監査**）。

　なお、監査役設置会社または会計監査人設置会社を除く非公開会社では、定款をもって、監査役の監査権限の範囲を、会計に関するものに限定する旨を定めることもできます（会社法389条1項）。

1-17

会計参与とは

取締役内定者 「会計参与という機関は、これまで聞いた ことがありませんでしたが…」

弁護士 「そうですよね。取締役会設置会社であるにもか かわらず、監査役を設置しない会社については、会計参与 の設置が義務づけられているのですが、ほかの場合は、会 計参与の設置は任意です。その概要をみていきましょう」

 ## 会計参与の資格

「会計参与」は、公認会計士もしくは監査法人または税理士 もしくは税理士法人でなければなりません（会社法333条1項）。

監査法人または税理士法人が会計参与に選任された場合は、 その社員のなかから会計参与の職務を行なうべき者を選定し、 これを会社に通知しなければなりません（同法333条2項前段）。

なお、法律上の欠格事由に該当しないかぎり、顧問税理士で あっても会計参与になることはできます。

 ## 会計参与の任期

会計参与の任期は、**取締役の任期と同じ**です（会社法334条 1項、332条、334条2項）。つまり、原則として**2年**（定款ま たは株主総会の決議で短縮可能）で、監査等委員会設置会社ま たは指名委員会等設置会社の場合は1年です。

監査等委員会設置会社または指名委員会等設置会社でない非

公開会社では、定款により、任期を選任後10年以内に終了する事業年度のうち最終のものに関する定時株主総会の終結時まで伸長することが可能です。

会計参与の選任方法

　会計参与は、**株主総会の普通決議で選任**されます（会社法329条1項）。

　普通決議については、原則として法律の定める定足数を定款によって完全に排除することはできますが、会計参与を含む役員の選任決議の定足数は、少なくとも議決権を行使することができる株主の議決権の3分の1以上が必要です（同法341条）。

　なお、会計参与が選任されたときは、その氏名等を登記しなければなりません。

会計参与の終任事由

　会計参与の終任事由は、以下のとおりです。

- ●**辞任**（いつでも可能。民法651条）　　●**死亡**
- ●**破産手続き開始の決定**（もっとも、再度就任することは可能です）
- ●**成年被後見開始**　　●**解任**　　●**資格の喪失**
- ●**会社の破産手続き開始の決定**（民法653条）
- ●**会社の解散**

会計参与の解任

　会計参与は、株主総会の普通決議で解任することが可能です（会社法341条）。

　ただし、定款で定足数を3分の1以上にすること、また、決議に必要な議決権の割合を加重することは可能です。

　なお、株主総会で賛成多数が得られず解任決議が成立しなかった場合は、少数株主が裁判所に解任の訴えを提起することができる制度もあります（同法854条）。解任の訴えを提起するには、当該役員に職務執行に関する不正行為または重大な法令・定款違反の事実があったことも必要です。

会計参与の欠員

　会計参与の終任により、法定または定款所定の監査役の員数が欠ける結果になった場合は、後任の役員を選任しなければなりません。

　員数が欠けている場合は、後任者が就任するまで、会計参与としての権利義務を有することになります（会社法346条1項）。

会計参与の権限

　会計参与の権限は以下のとおりです。

- ●取締役（指名委員会等設置会社では執行役）と共同して、計算書類および附属明細書、臨時計算書類ならびに連結計算書の作成
- ●会計参与報告書の作成
- ●会計帳簿・資料の閲覧・謄写権
- ●子会社調査権

会計参与の義務

会計参与の義務は以下のとおりです。

- 取締役の職務の執行に関し不正の行為または法令もしくは定款に違反する重大な事実があることを発見したときは、遅滞なく株主（監査役設置会社では監査役、監査役会設置会社では監査役会、監査等委員会設置会社では監査委員）に報告しなければならない（会社法375条1項）
- 取締役会設置会社の会計参与は、計算書類等を承認する取締役会に出席する義務を負う
- 計算書類等の作成について、取締役と意見を異にする場合は、株主総会において意見を述べることができる
- 各事業年度にかかる計算書類等、臨時計算書類および会計参与報告の備え置き

コラム

監査等委員会設置会社とは①

　平成26年改正会社法において、取締役会の監督機能の強化を目的として、社外取締役をより積極的に活用すべく、監査等委員会設置会社が導入されました。

　監査等委員会設置会社とは、3人以上の取締役からなり、かつ、その過半数を社外取締役とする監査等委員会が、監査を担うとともに、業務執行者を含む取締役の人事（指名および報酬）に関して株主総会における意見陳述権を有する会社です。

　監査役会設置会社で、かつ社外取締役の設置を強く推奨される上場会社においては、3名以上の社外役員が必要となり（会社法335条3項参照）、負担感があるといわれてきました。

（74ページコラムへ続く）

1-18

会計監査人とは

取締役内定者「会計監査人も、よくわかりません。うちのような小さな会社だと、あまり聞かないですよね？」

弁護士「そうですね。大会社、監査等委員会設置会社または指名委員会等設置会社であれば、会計監査人の設置が義務づけられているのですが、中小会社の場合、会計監査人を設置する会社は少ないのではないかと思います。ざっとみていきましょう」

 会計監査人の資格

　会計監査人は、**公認会計士または監査法人**でなければなりません（会社法337条1項）。そして、会計監査人に選任された監査法人は、その社員のなかから会計監査人の職務を行なうべき者を選定し、これを株式会社に通知しなければなりません（同法337条2項前段）。

　法定の欠格事由（公認会計士法の規定による処分により会社の計算書類について監査をすることができない者）があると、会計監査人または職務を行なうべき社員になることはできません（同法337条3項、337条2項後段）。

会計監査人の員数と任期

　会計監査人の員数には、特に制限はありません。

　また、会計監査人の任期は、**1年**（選任後1年以内に終了す

1
章

会社のしくみと取締役の役割を知っておこう

71

る事業年度のうち最終のものに関する定時株主総会の終結のときまで）です（会社法338条１項）。

　なお、会計監査人は、この定時株主総会において別段の決議がされなかったときは、その総会において再任されたものとみなされます（同法338条２項）。

会計監査人の選任方法

　会計監査人は、**株主総会の普通決議で選任**されます（会社法329条１項）。普通決議については、原則として法律の定める定足数を定款によって完全に排除することはできますが、会計監査人を含む役員の選任決議の定足数は、少なくとも議決権を行使することができる株主の議決権の３分の１以上が必要です（同法341条）。

　なお、会計監査人が選任されたときは、登記しなければなりません。

選任に関する議案の内容の決定

　会計監査人の選任に関する議案を株主総会に提出することは、監査役（監査役会設置会社については監査役会、監査等委員会設置会社については監査等委員会、指名委員会等設置会社については監査委員会）が決定します（会社法344条、399条の２第３項２号、404条１項）。

会計監査人の終任事由

　会計監査人の終任事由は、以下のとおりです。

- ●辞任（いつでも可能。民法651条）　●死亡
- ●破産手続き開始の決定（もっとも、再度就任することは

可能です）
- 成年被後見開始　　● 解任　　● 資格の喪失
- 会社の破産手続き開始の決定（民法653条）
- 会社の解散

 ## 会計監査人の解任

　会計監査人は、**株主総会の普通決議で解任することが可能です**（会社法341条）。ただし、定款で定足数を3分の1以上にすること、また、決議に必要な議決権の割合を加重することができます。

　なお、監査役設置会社では、会計監査人の解任を総会の目的とするには、監査役の過半数（監査役会設置会社の場合は監査役会、監査等委員会設置会社については監査等委員会、指名委員会等設置会社については監査委員会）の決定が必要です（同法344条1項、同3項、399条の2第3項2号、404条1項）。

　また、会計監査人については、監査役（監査役会・監査等委員会・監査委員会）が、一定の場合において、解任することができます（同法340条）。

　なお、株主総会で賛成多数が得られず解任決議が成立しなかった場合は、少数株主が裁判所に解任の訴えを提起することができる制度もあります（同法854条）。解任の訴えを提起するには、当該役員に職務執行に関する不正行為または重大な法令・定款違反の事実があったことも必要です。

 ## 会計監査人の欠員

　会計監査人の終任により、法定または定款所定の会計監査人の員数が欠ける結果になった場合は、後任の役員を選任しなけ

ればなりません。

　員数が欠けている場合は、後任者が就任するまで、会計監査人としての権利義務を有することになります（会社法346条１項）。

 ## 会計監査人の職務

　会計監査人の職務は、以下のとおりです。

- ●会社の計算書類およびその附属明細書、臨時計算書類ならびに連結計算書類の監査
- ●会計監査報告書の作成
- ●会計帳簿の閲覧および謄写をすることができる
- ●子会社の調査権
- ●取締役の職務の執行に関し不正の行為または法令もしくは定款に違反する重大な事実があることを発見したときは、監査役に報告する
- ●会計監査役が計算書類等の法令または定款適合性について監査役と意見を異にするときは、定時株主総会に出席して意見を述べなければならない

コラム

監査等委員会設置会社とは②

　また、指名委員会等設置会社については、社外取締役が過半数を占める指名委員会および報酬委員会に、取締役の指名や取締役および執行役の報酬を委ねることに対する抵抗感があることなどを理由に、それほど浸透していません。
　そこで、監査等委員会設置会社は、最低でも２名以上の社外取締役がいればよく（監査等委員会の取締役数が３名の場合）、監査等委員会は人事（指名および報酬）に関して株主総会における意見陳述権はあるものの決定権がないという意味で、より社外取締役の機能を活用しやすくするために導入された機関設計といえます。

指名委員会等設置会社とは

弁護士「指名委員会等設置会社について軽くふれましょう」

取締役内定者「私にはあまり関係ないかもしれませんが、一応お願いします」

弁護士「指名委員会等設置会社とは、業務執行を行なう執行役と執行役を監督する３つの委員会（指名委員会、監査委員会、報酬委員会）を設けた会社です。

株主総会で株主から取締役会へ委譲された業務執行権と監督権は明確に分けられ、業務執行は執行役が担当し、経営の透明性が図られています」

指名委員会等設置会社となるには

指名委員会等設置会社となるには、**定款で指名委員会等設置会社となることを定める**必要があります。

指名委員会等設置会社は、取締役会と会計監査人を設置しなければなりませんが、監査役および監査役会を設置することはできません。

指名委員会等設置会社の取締役の任期

指名委員会等設置会社の取締役の任期は、**1年**（選任後１年以内の最終事業年度に関する定時株主総会の終結のときまで）です。指名委員会等設置会社の取締役は、その指名委員会等設置会社の支配人その他の使用人を兼ねることはできません。ま

た、原則として業務執行を行なうことはできません。

指名委員会等設置会社の取締役会の権限

　指名委員会等設置会社における取締役会の権限は、その機能が執行役の職務の執行の監督であるため、以下の基本事項に限定されます。

- 経営の基本方針の決定
- 監査委員会の職務執行のため必要なものとして法務省令で定める事項の決定（会社法施行規則112条１項）
- 執行役が２人以上いる場合における執行役の職務の分担や相互の関係に関する事項の決定
- 執行役から取締役会の招集の請求を受ける取締役の決定
- 執行役の職務執行に関する内部統制システムの整備
- 取締役、執行役の職務の監督

　なお、以下については取締役会の専決事項ですので、執行役や取締役に委譲することはできません。

- 株主総会の招集
- 会社提案の総会議案の内容
- 競業取引、利益相反取引の承認
- 委員会の委員の選定、解職
- 執行役の選任、解任
- 代表執行役の選定、解職
- 定款による取締役の責任の一部免除
- 計算書類などの承認
- 株式の譲渡承認に関する事項

●事業譲渡など会社の組織に関する事項

指名委員会等設置会社の執行役

指名委員会等設置会社における執行役は、**取締役会で選任・解任**されます。執行役は、取締役を兼任することはできます。

執行役の欠格事由は取締役と同様で、任期は選任後1年以内に終了する最終事業年度に関する定時株主総会が終結するまでです（定款で短縮することは可能です）。

執行役は、取締役会の決議によって委任を受けた事項を決定し、取締役会が決定した業務を執行します。そして、執行役は3か月に1回以上、自己の職務執行状況を取締役会に報告しなければならないほか、取締役会の要求があったときは、取締役会に出席し、説明しなければなりません。

指名委員会等設置会社の代表執行役

指名委員会等設置会社の取締役会は、執行役のなかから会社を代表する代表執行役を選定しなければなりません。

執行役が1人の場合はその者が代表執行役となり、代表取締役と同様、会社を代表して法律行為を行ないます。

三委員会とは

「指名委員会」「監査委員会」「報酬委員会」は、それぞれ委員3人以上で構成され、委員は取締役会が取締役のなかから取締役会決議によって選任・解任します。各委員会について、委員の過半数は社外取締役でなければなりません（会社法400条3項）。

もっとも、同じ取締役が複数の委員会の委員を兼ねることは

できます。

　各委員会の決議は、委員の過半数が出席し、出席委員の過半数で行なわれます。

　各委員会の職務の概要は以下のとおりです。

①指名委員会

　株主総会に提出する取締役および会計参与の選任・解任に関する議案の内容を決定します。

②監査委員会

　監査委員会の委員は、指名委員会等設置会社もしくはその子会社の執行役もしくは業務執行取締役、または子会社の会計参与もしくは支配人その他の使用人を兼ねることはできません。

　監査委員会の職務は以下のとおりです。

- 執行役・取締役・会計参与の職務執行を監査し、監査報告を作成
- 株主総会に提出する会計監査人の選任・解任や再任拒否に関する議案の内容を決定
- 決算書類等の監査
- 執行役や取締役の職務について報告を求め、業務・財産の状況を調査し、違法行為の差止めを請求する
- 執行役や取締役に違法・不正行為がある場合は、取締役会に報告しなくてはならない

③報酬委員会

　執行役や取締役の個人別報酬を決定します。

2章

取締役は従業員と
ここが違う

従業員の賃金と取締役
の報酬の違いなどをみ
ていきましょうね。

取締役は従業員とどこが違うのか？

取締役内定者 「取締役になったら、従業員のときと何が違いますか？　同じ会社で働き続けて、会社から報酬を受け取るわけだし、いまいち違いがわからないのですが…」

弁護士 「取締役と会社との関係は委任関係、従業員と会社との関係は雇用関係であることから、さまざまな違いがあるんですよ」

会社との関係はどうなっているか

　会社の**従業員**は、会社に就職する際には、賃金や労働時間等の労働条件を明示されて（労働基準法15条1項）、**会社と雇用契約を締結**します。

　従業員は、会社の指揮命令に従って働き、その対価として賃金を受け取ります。そして、後述するような労働基準法や会社の就業規則により、さまざまな保障を受けています。

　これに対し、**取締役**と会社との関係は、雇用契約ではありません。**委任契約**です（会社法330条）。

　取締役は、会社との間で報酬や期間等の条件について合意し、経営の専門家として委任契約を締結し、業務執行を行ない、その対価として報酬を受け取ります。

　原則として、委任期間は2年であり、労働基準法等の適用や就業規則の適用もありません。

　なお、取締役と従業員としての地位の両方を備える使用人兼

◎従業員、取締役の会社との関係◎

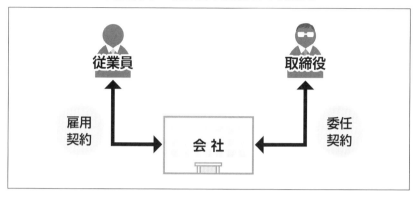

務取締役については、102ページを参照してください。

　では、従業員と取締役とは、何がどのように異なるのでしょうか。主なポイントは、次の3つです。

①**身分保障**

②**対価の保障**

③**会社や第三者に対する責任**

　それぞれについて、みていきましょう。

 身分保障が違う

①**従業員**

　従業員は、会社から指揮監督を受ける関係にあり、会社との力関係に大きな差があります。

　そのため、**従業員は労働基準法、労働契約法や、会社の就業規則等により保護**されており、会社が従業員を辞めさせるためには、厳しい要件を満たさなければなりません。

　従業員の解雇は、客観的に合理的な理由を欠き、社会通念上相当であると認められない場合は、その権利を濫用したものとして、無効となります（労働契約法16条）。

また、これらの要件を満たしている場合にも、解雇の30日前までに予告するか、30日分以上の平均賃金相当額の解雇予告手当を支払わなければなりません（労働基準法20条1項）。

　懲戒解雇をする際にも、就業規則等において定められた懲戒規定にもとづいて解雇する必要があります。

②取締役

　一方、会社との間で委任契約を締結している取締役（従業員兼務取締役の従業員の地位は除く）は、会社と対等の関係にあるため、原則として**労働法の適用を受けません**。

　取締役は、委任契約の解除の自由の原則（民法651条）により、いつでも委任契約を解約でき、また解約される立場にあります。

　会社法上も、「役員はいつでも株主総会の決議によって解任することができる」と明記しています（会社法339条1項）。正当な事由がない解任の場合は、契約期間満了時までの報酬を支払う必要があります（同条2項）が、正当な理由があれば、これも必要ありません。

対価の保障が違う

①従業員

　会社の従業員は、前述のように会社との力関係に大きな差があるため、労働の対価である賃金についても、法律により保障されています。

　たとえば、懲戒の一種である減給処分については、就業規則等に規定が必要なほか、1回の額が平均賃金の1日分の半額を超え、総額が1賃金支払期における賃金の総額の10分の1を超えてはなりません（労働基準法91条）。

降給についても、労働条件の不利益変更になりますので、実施にはかなりハードルが高いといえます。

会社が倒産した場合も、従業員の給料債権は、会社に対する他の債権に優先して支払われます（民法308条）。

②取締役

取締役も、業務執行の対価として会社から報酬を受領していますが、会社と従業員のような力関係がないため、株主総会で決まった報酬が支払われ、会社の業績が悪いと、報酬を大幅に減額されることもあります。

会社が倒産した場合は、従業員の給料債権と異なり、未払いの報酬は他の債務と同列に扱われます。会社の清算により分配すべき金員がある場合は、会社に対する他の債権と按分して弁済を受けることになります。

会社や第三者に対する責任が違う

①従業員

従業員は、前述のとおり会社の指揮監督下において業務を遂行しているので、同人の不注意により会社に損害を与えても、多くは厳重注意を受ける程度で、損害賠償の話にはなりません。

②取締役

取締役は、経営の専門家として、会社と対等な立場で契約を締結しており、その裁量も広いことから、自己の不注意により会社に損害を与えると、会社に対して損害賠償責任を負います。

また、故意または重過失により、会社の取引先等、第三者に損害を及ぼした場合は、第三者に対しても責任を負うことがあります（☞6－10参照）。

2-2

賃金と報酬は何が違うのか？

取締役内定者「取締役と従業員の違いはなんとなくわかってきましたが、従業員として会社からもらう賃金と取締役の報酬って、具体的にはどのように違うのですか？」

弁護士「それぞれの決定方法も、保護の度合いも違うんですよ。さっそく、みていきましょう」

根拠が異なる

従業員の賃金と取締役の報酬（**役員報酬**）では、その根拠が次のように違っています。

> ●賃金…労働者（従業員）は、会社との雇用契約にもとづく労働の対価として、給与、賞与、各種手当等の賃金を受領します。
> ●報酬…取締役は、会社から委任契約にもとづき、職務執行の対価として報酬を受領します。報酬は、名目や支給形態、金銭であるか金銭以外の現物報酬であるかを問いません。

なお、**従業員兼務取締役**が会社から受領する金員については、給与分と報酬分が混在することになります。報酬通知書などにより、給与分と報酬分の金額を通知されている場合があるようです。

決定方法が異なる

①賃　金

　従業員は、入社の際に、会社との間で賃金（給与、手当等）について取り決めます。また、その後の給与体系についても、給与規程等により定められていることが多いようです。

②報　酬

　取締役の報酬は、月額の固定報酬、賞与、ストック・オプション、非金銭の報酬など、さまざまな形態により支払われます。

　取締役の報酬は、定款に定めがないかぎり、株主総会において決定されます。定款に一度定めると、その**変更には株主総会の特別決議が必要**になり、決議が大変になってしまうことから、株主総会において決定されることがほとんどです。

　取締役会ではなく、定款または株主総会で決定しなければならない理由は、取締役会の決定に委ねると、自身のことであるので、根拠なく高額の報酬を定めるなど、お手盛りの可能性があるためです。

　実際の運用をみると、役員のプライバシー保護の観点から、株主にそれぞれの報酬額を知られないために、株主総会では報酬の総額の最高限度額のみを決め、**各自の報酬については取締役会で決定する**ことがほとんどです。

　さらにいえば、取締役会においては、「具体的な配分は代表取締役に一任する」等の決定をして、代表取締役に配分の決定を委ねている場合が多いようです。

　もっとも、上場会社等においては、個人別の報酬内容が株主総会で決定されない場合、取締役会においてその決定方針を定めなければなりません（会社法361条7項、同法施行規則98条

の5）。

　なお、金銭でない報酬については、株主総会でその具体的な内容を定めなければなりません（会社法361条1項3号）。

　法律上、取締役の報酬を決める株主総会決議の頻度を定める規定はなく、中小企業では一度、株主総会決議をするのみで、その後5年、10年経ってしまっている例も多く見受けられます。

🏢 保護のされ方が異なる

　賃金と報酬については、その受給に関する保護のされ方について、大きな違いがあります。

①賃　金

　会社の従業員は、会社と力関係に大きな差があるため、前項の「対価の保障が違う」（☞82ページ）で説明したように、賃金の受領について法律により保護されており、減給処分や降給、会社が倒産した場合の給料債権についても保護されています。

②報　酬

　これも前項の「対価の保障が違う」で説明したように、報酬は大幅に減額される可能性があります。もっとも、一度決定した報酬は、会社が一方的に減額することはできません。

　会社が倒産した場合は、会社に対する他の債権と按分して弁済を受けることになります。

取締役の賞与・退職慰労金の取扱い

取締役内定者「取締役になっても、賞与や退職金はあるんですか？　従業員時代は、賞与がまずまずもらえたので、年収の少なさをカバーできていたんですよ。報酬のほうが給与より少し高いくらいだと、賞与ももらっていた従業員のころのほうが年収は高いかもしれませんね」

弁護士「取締役に賞与や退職慰労金を支払うかどうかは、会社によって違います。金額の決め方も、従業員の場合とは違っていますよ」

取締役に対する賞与

　取締役といえども、会社の業績によっては、賞与を受けることがあります（**役員賞与**）。

　現行の会社法においては、賞与についても、報酬と同様、**株主総会における決議を経ることが必要**です。株主総会決議により定められた報酬の年間総額最高限度額の範囲内であれば、別途個別の決議を経る必要はありません。

　なお、役員賞与は、会社に対する他の債権と同列に扱われます。この点、従業員の賞与は賃金として他の債権に優先して支払いを受けることができることは、賃金と報酬の違いで述べたことと同様です。

取締役に対する退職慰労金

　役員も、会社から退職慰労金を受け取る場合があります。

　退職慰労金は、報酬の後払い的性格を有しています。したがって、その決定は、やはり**株主総会の決議を経る必要**があります。

　退職慰労金については、役員が退任するつど、株主総会決議で決定されることが多いようです。もっとも、役員が退任するつど具体的な金額を決定すると、株主に具体的な報酬額が知られることになってしまいます。

　そこで、一義的に退職慰労金を算定できる**退職慰労金規程**があり、その規程を会社の本店に据え置き、株主がいつでも閲覧できる状態にしてあれば、支給額や支給時期等の決定を取締役会に一任する旨の株主総会決議をすることが可能です。

　役員の退職慰労金の計算式については、多くの会社は、「月額報酬×取締役在職年数×係数」で算出する場合が多いようです。もっとも、この計算式では、役員の功労を考慮することができないとして、近年では賞与を充実させ、役員の退職慰労金制度を廃止する会社もあるようです。

　退職慰労金制度を廃止する場合は、廃止時点までの退職慰労金については、役員に受給権があります。ただし、具体的な支給額や支給時期については、役員の退任時期に決定することが一般的です。

　なお、従業員の退職慰労金は、賃金の後払い的性格を有していますが、役員の退職慰労金との関係では、前項で説明した賃金と報酬の違いが該当します。

2-4

取締役の社会保険、労働保険の適用は？

取締役内定者 「そういえば、取締役になると、社会保険はどうなるんですか？」

弁護士 「気になるところですよね。ここでは、取締役にも社会保険や労働保険に加入する義務があるのかについてみていきましょう」

取締役と社会保険

会社が加入すべき社会保険には、健康保険、厚生年金保険があります。従業員だけでなく、役員であっても対象となります。

したがって、たとえば従業員がおらず、役員1人の会社でも加入義務があります。

ただし、70歳以上の人は原則として厚生年金保険には入らず、健康保険のみに加入します。75歳以上になると、健康保険についても加入できなくなります。

取締役と労働保険

労働保険とは、労働者災害補償保険（一般に「労災保険」といいます）および雇用保険のことをいいます。

労働保険については、労働者のためにつくられた保険ですから、役員のみしかいない会社に加入義務はなく、従業員を雇用したときに初めて加入義務が発生します。

労働保険の対象となる者は、次ページ表のとおりです。要件

は、労災保険と雇用保険とで少し異なりますので、ご注意ください。

なお、役員であっても、従業員兼務役員（使用人兼務取締役）であれば、労働保険の対象となりえます。

区分	労災保険	雇用保険
基本的な考え方	労働者は、常用、日雇、パート、アルバイト、派遣等、名称や雇用形態にかかわらず、労働の対償として賃金を受けるすべての者が対象となります。また、海外派遣者として特別加入の承認を得ている労働者は別個に申告することとなるので、その期間は対象となりません。	雇用される労働者は、常用、パート、アルバイト、派遣等、名称や雇用形態にかかわらず、次のいずれにも該当する場合には、原則として被保険者となります。①１週間の所定労働時間が20時間以上であること②31日以上の雇用見込みがあることただし、次に掲げる労働者は除かれます。①季節的に雇用される者であって、次のいずれかに該当する者・４か月以内の期間を定めて雇用される者・１週間の所定労働時間が30時間未満である者②昼間学生③65歳以上で新たに雇用される者
個々の労働者の届出	労働者ごとの届出は必要ありません。	新たに労働者を雇い入れた場合は、そのつど、事業所を管轄する公共職業安定所（ハローワーク）に「雇用保険被保険

区分	労災保険	雇用保険
		者資格取得届」の提出が必要です。 また、雇用保険被保険者が離職した場合は、「雇用保険被保険者資格喪失届」と給付額等の決定に必要な「離職証明書」の提出が必要です。 労働者から役員へ変わった場合は、公共職業安定所へ確認書類等の提出が必要となります。
法人の役員（取締役）の取扱い	代表権・業務執行権を有する役員は、労災保険の対象となりません。 ①法人の取締役・理事・無限責任社員等の地位にある者であっても、法令・定款等の規定にもとづいて業務執行権を有すると認められる者以外の者で、事実上、業務執行権を有する取締役・理事・代表社員等の指揮監督を受けて労働に従事し、その対償として賃金を得ている者は、原則として「労働者」として取り扱います。 ②法令または定款の規定により、業務執行権を有しないと認められる取締役等であっても、取締役会規則その他内部	株式会社の取締役は、原則として被保険者となりません。 ただし、取締役であって、同時に部長、支店長、工場長等の従業員としての身分を有する者は、服務態様、賃金、報酬等の面からみて労働者的性格の強いものであって、雇用関係があると認められる者にかぎり「被保険者」となります。この場合、公共職業安定所へ雇用の実態を確認できる書類等の提出が必要となります。 ①代表取締役は被保険者になりません。 ②監査役は原則として被保険者になりません。

区分	労災保険	雇用保険
	規則によって、業務執行権を有する者と認められる者は、「労働者」として取り扱いません。 ③監査役および監事は、法令上、使用人を兼ねることを得ないものとされていますが、事実上、一般の労働者と同様に賃金を得て労働に従事している場合は、「労働者」として取り扱います。 （※）保険料の対象となる賃金は、「役員報酬」の部分は含まれず、労働者としての「賃金」部分のみです。	

（厚生労働省のホームページより一部抜粋）

取締役のストック・オプションの取扱い

取締役内定者 「取締役になったら、ストック・オプションというものをもらえるらしいんですよ。でも、ストック・オプションって、いまいちよくわからなくて…」

弁護士 「お、いいですね。それでは、ストック・オプションのしくみについてみていきましょう」

ストック・オプションとは

　ストック・オプションとは、将来の権利行使期間において、あらかじめ設定された権利行使価格の払込みをもって株式を取得することができる権利（**新株予約権**）をいいます。

　ここでは、役員に報酬として付与される場合のストック・オプションについてみていきましょう。

報酬としてのストック・オプションの付与

　ストック・オプションを付与された役員は、将来の権利行使期間までに株式が上昇すれば、当該**株式を権利行使価格の払込みにより取得できる**ため、**株価と権利行使価格の差額分の利益を得る**ことができます。

　したがって、役員にストック・オプションを与えることは、当該役員が**会社の価値を上昇させるべくさらに熱心に業務を行なう**という利点があります。

ストック・オプションを付与する方法

　ストック・オプションは新株予約権ですから、新株予約権の発行手続きを行なう必要があります。

　さらに、**報酬としての決議も必要**です。報酬と相殺して付与する場合は、株主総会で金銭報酬の決議をして、その後、その報酬と対等額で相殺してストック・オプションを付与する方法があります。

　非金銭報酬として付与する場合は、株主総会において、その具体的な内容を定めて決議をしなければなりません。

　なお、上場会社が取締役に対して新株予約権を報酬として付与する際には、払込みは必要ありません（会社法236条3項1号）。

 ## 権利行使の条件

　まず、権利行使期間については、決議後2年の待期期間（権利を行使できない期間）があり、終了時期を決議後5年から10年程度とするのが一般的です。この期間に集中しているのは、税制上の理由によるものです。

　ストック・オプションを付与されると、その価値に応じて所得税が課税されます。しかし、前述のとおり、権利行使時における株価が上昇していればまだしも、上昇しない可能性もあります。そこで、租税特別措置法により、一定の要件を満たせば、所得税の課税を株式の取得時まで繰り延べることができます。

3章

取締役にもいろいろな
種類がある

ひとくちに取締役と
いっても、役員の形
態としてはいくつか
あります。

3-1

代表取締役はいちばん偉いの？

取締役内定者 「やっぱり、取締役というと、『社長』って感じですよね。私は平取締役だけど、社長＝代表取締役なのでしょうか？」

弁護士 「『社長』というのは、法律上の言葉ではなく、会社における肩書きですが、一般的に社長というと、代表権を持っている取締役のことを指すことが多いでしょう。もっとも、会社での肩書きと、会社法上の役員はリンクしているわけではないんですよ」

社長は肩書きである

たとえば、代表取締役であっても、会社での肩書きは会長であったり、社長、副社長、専務や常務であることも考えられます。

逆に、会長、社長、副社長、専務、常務であっても、必ずしも代表権を有する取締役とは限りません。

もっとも、「社長」というと、一般の人からみれば、代表権を有する取締役のことを指すものと考えられます。

そこで会社法では、代表取締役以外の取締役に、社長、副社長、その他株式会社を代表する権限を有するかのような名称をつけた取締役等の行為は、**代表権がないことを知らない第三者との関係では有効な行為として、会社は第三者に対して責任を負う**ことになります（会社法354条）。

代表取締役の権限とは

　代表取締役も取締役ですので、他の平取締役と同様に、会社の業務の執行を行ないます。

　もっとも、代表取締役は、会社を代表する機関として、**会社の業務に関する一切の裁判上または裁判外の行為をする権限**を有します（会社法349条4項）。

　取締役会設置会社では、会社法で規定された取締役会決議事項（重要な財産の処分と譲受け、多額の借財等。☞48ページ）以外の日常的な業務の意思決定を、代表取締役に委任しています。

　代表取締役は、**取締役会が認めた範囲内で、単独で意思決定し、業務を行なっていく**ことになります。

　代表取締役が会社のために行なう契約などの行為は、会社の行為とみなされます。たとえば、会社が第三者と契約する場面では、契約書の会社の記名押印欄には、代表取締役名が記載され、代表印を押印することが通常です。

　なお、会社が代表取締役の行為について制限をしていたとしても、その制限について知らない第三者との間では、当該制限を超えた代表取締役の行為も有効として扱われてしまうことに注意しましょう（同法349条5項）。

　また、多くの中小企業においては、代表取締役は1名ですが、複数の場合もあります。代表権を有する取締役が2人以上いる場合には、それぞれが会社を代表します（同法349条2項）。

　代表取締役は、**3か月に1回、取締役会に対して業務執行状況を報告する義務**があります（同法363条2項）。

一方、取締役会は、代表取締役の職務執行について監視する義務を負っています。

代表取締役の選任と解任

代表取締役は、取締役会において、**取締役のなかから選任**されます（会社法362条3項）。当該決議においては、過半数の取締役が出席し、そのうちの過半数で決議されなければなりません。

一方、**取締役会は、代表取締役を解任**することもできます。その理由は問いません。

気をつけてほしいのは、取締役会において代表取締役を解任された者は、代表取締役の地位は解任されるものの、**取締役としての地位は残ります**。

取締役の地位を解任できるのは、株主総会ですので、株主総会における取締役の解任決議がなされないかぎり、取締役である以上、その後も取締役会に出席しなければなりません。

コラム

専務取締役と常務取締役、どちらが偉い？

前述のとおり、「専務」や「常務」は会社が独自に採用している名称であり、会社法上の決まりはありません。一般的には、専務が常務より上位の役職です。

それぞれの役職の仕事内容も、会社によってさまざまだと思いますが、専務は社長を補佐して会社の全般的な管理業務を、常務は社長を補佐して会社の日常の業務を行なうよう、役割分担する会社が多いようです。

社外取締役は責任が軽い？

取締役内定者 「先生、私は社外取締役にはなれないのですか？　社外取締役は責任が軽いと聞いたのですが…」

弁護士 「そうですね。社外取締役は、他の取締役と、責任の点について異なる取扱いを受けます。でも、安浦さんは、従業員であったのを、社長により抜擢されてその会社の取締役になることになったのですよね。とすると、社外取締役になることはできないのです」

取締役内定者 「えっ、なんでですか？」

 ## 社外取締役になるための条件

　社外取締役になるためには、以下の条件を満たす必要があります（会社法2条15号）。

①現在、その会社または子会社の業務執行取締役・執行役・使用人ではなく、

②就任の前10年間、その会社または子会社の業務執行取締役・執行役・使用人（合わせて「業務執行取締役等」）となったことがないこと

③就任の前10年間のいずれかの時期にその会社または子会社の業務執行取締役等以外の取締役、会計参与または監査役であったことがある場合、当該取締役、会計参与または監査役への就任前10年間、その会社または子会社の業務執行取締役等であったことがないこと

④現在、親会社等または兄弟会社の関係者ではないこと

⑤現在、その会社の取締役等関係者（重要な使用人を含む）の
配偶者または二親等内の親族ではないこと

 ## 社外取締役が必要となる場面

　特別取締役（☞106ページ）による取締役会の制度を導入す
る場合（会社法373条１項２号）や、監査役会設置会社（公開
会社かつ大会社に限る）であって、上場会社の場合（同法327
条の２）は、１人以上の社外取締役が必要です。また、指名委
員会等設置会社の各委員会においては、委員の過半数が社外取
締役でなければなりません（同法400条３項）。もっとも、社外
取締役は、これらの場合以外でも設置することはできます。

 ## 社外取締役と責任限定契約

　社外取締役は、会社に対する責任につき、他と異なる取扱い

◎社外取締役と責任限定契約を締結するための要件◎

❶ 定款の定め

定款において以下を定めておく必要があります。

㋐社外取締役の任務懈怠についての責任であること

㋑同人が職務を行なうにつき善意・無重過失であること

㋒定款で定めた額の範囲内であらかじめ会社が定めた額
と法定の最低責任限度額とのいずれか高い額を限度と
して、社外取締役が賠償責任を負う旨の契約を会社・
社外取締役間で締結することができること

㋓上記㋒の会社が定める額

❷ 会社と社外取締役との間の責任限定契約の締結

を受けます。

社外取締役の責任については、定款の定めにもとづき、会社と社外取締役とが契約を締結することにより、責任の限度額をあらかじめ定めることができます（会社法427条1項）。事後的ではなく、事前に責任の限度額を確定することができるのです。社外取締役の人材確保のために規定されている制度です。

なお、社外取締役との責任限定契約に関する定款の定めは、登記されます（同法911条2項24号、25号）。公開会社の事業報告には、当該責任限定契約の概要を記載するとともに、社外取締役の報酬等の総額を、取締役に対する報酬等の総額とは別に記載しなければなりません。

実際に、社外取締役の任務懈怠（任務を怠ること）により会社が損害を被ったときは、その後に招集される株主総会において、責任の原因となった事実および賠償責任額、免除することができる額の限度およびその算定の根拠、責任限定契約の内容およびその契約を締結した理由、社外取締役が責任を負わないとされた額を開示しなければなりません（同法427条4項、976条3号）。

 ## 社外取締役と非常勤取締役の違い

「常勤社外取締役って、おかしくない？ 常勤であることと、社外取締役は両立するの？」という話をよく聞きます。ですが、社内取締役・社外取締役は、常勤取締役・非常勤取締役とは異なる概念です。

社外取締役は、99ページの要件を満たす取締役のことをいいますので、社外取締役であっても、常勤とすることはできますし、逆に、社内取締役であっても、非常勤とすることは可能なのです。

使用人兼務取締役について
しっかり理解しておこう

取締役内定者「私は、取締役になってからも、『企画開発部長としての業務を続けてください』といわれてるんですが、そのような業務をしない取締役と、異なる取扱いをされるのですかね？」

弁護士「そうなのです。安浦さんのケースのように、会社の使用人としての地位と、取締役としての地位がある人のことを、『使用人兼務取締役』というのですが、この2つの地位に対する法令の適用を受けるため、使用人兼務ではない取締役とは、だいぶ異なる取扱いを受けることになるのです。詳しくは次章に譲りますが、大まかな取扱いの違いについてみておきましょう」

使用人兼務取締役には労働法の適用がある

2章でみたように、会社の従業員には、労働基準法、労働契約法等の労働法の適用があります。また、会社の就業規則により、さまざまな保障を受けています。

使用人兼務取締役も、会社の従業員としての地位を有するものですから、原則としてこれらの適用を受けることになります。

一方、使用人兼務取締役は、もちろん取締役としての地位を有します。取締役は、会社との間で委任契約を締結しているわけですが（会社法330条）、取締役の権限や義務、責任については、会社法上の規制があり、この会社法の規制も適用されるの

です。以下、具体的な場面をみていきましょう。

使用人兼務取締役の身分保障

　使用人兼務取締役は、従業員としての地位と、取締役としての地位、それぞれについて、異なる身分保障を受けます。

①従業員としての地位

　従業員は、会社から指揮監督を受ける関係にあり、その力関係に大きな差があります。そのため、従業員は、労働法や就業規則等により保護されており、会社が従業員を辞めさせるためには、厳しい要件を満たさなければなりません。

　すなわち、従業員の解雇は、客観的に合理的な理由を欠き、社会通念上相当であると認められない場合は、その**権利を濫用**したものとして、**無効**となります（労働契約法16条）。

　また、これらの要件を満たしている場合にも、解雇の30日前までに予告するか30日分以上の平均賃金相当額の解雇予告手当を支払わなければなりません（労働基準法20条1項）。

　懲戒解雇をする際にも、就業規則等において定められた懲戒規定にもとづいて解雇する必要があります。

　使用人兼務取締役について、仮に取締役としての地位を辞任、退任したり、解任等されたとしても、従業員としての地位を失うものではありませんし、上記要件を満たすことなく解雇されることはありません。

②取締役としての地位

　一方、取締役としての地位については、**委任契約の解除の自由の原則**（民法651条）により、いつでも委任契約を解約でき、また解約される立場にあります。

会社法上も、「役員はいつでも株主総会の決議によって解任することができる」と明記されています（会社法339条1項）。

正当な事由がない解任の場合は、契約期間満了時までの報酬を支払う必要があります（同条2項）が、正当な理由があれば、これも必要ありません。

 ## 使用人兼務取締役の対価の保障

使用人兼務取締役が会社から受け取る労務の対価については、**取締役の報酬**としての性質と、**従業員の賃金**としての性質があります。金額の内訳を決めて、規定していることも多くあります。

①賃金の保障

使用人兼務取締役が受領する従業員の賃金については、労働法により手厚く保障されています。

たとえば、懲戒の一種である減給処分については、就業規則等に規定することが必要ですし、1回の額が平均賃金の1日分の半額を超え、総額が1賃金支払期における賃金の総額の10分の1を超えてはなりません（労働基準法91条）。

降給についても、労働条件の不利益変更になりますので、簡単には認められません。

2章（☞2−2。86ページ）にも記載したとおり、会社が倒産した場合も、会社に対する他の債権に優先して支払われます。

②報酬の保障

使用人兼務取締役は、取締役としての業務執行の対価として会社から報酬も受領していますが、株主総会で決まった額の報酬が支払われ、会社の業績が悪いと、報酬を大幅に減額される

こともあります。

　会社が倒産した場合、未払いの報酬は他の債務と同列に扱われ、特別な保障はされません。

コラム

執行役員とは？

　「執行役」は、指名委員会等設置会社の機関ですが、「執行役員」については、会社法上の規定はありません。ある程度、規模の大きな会社において、取締役は経営を行ない、業務執行を行なう者として執行役員という制度を採用していることがあります。

　多くの会社においては、執行役員は、会社法上の取締役ではなく、従業員であることが多いようですが、場合によっては取締役と兼務していることもあるようです。

　執行役員が取締役を兼ねていない会社においては、執行役員は会社法上の取締役ではないため、取締役会の意思決定には参加せず、取締役会から与えられた執行権限により、担当する業務の執行を行ないます。

　経営と業務執行を分離することで、この制度を採用した会社の取締役は、業務執行に追われることなく経営に専念でき、また取締役の人数も削減できるため、経営判断のスピードアップや経費削減の利点があるといわれています。

3-4

特別取締役って何だろう？

取締役内定者「特別取締役って、聞いたことないですよ。何ですか？」

弁護士「取締役が多数いる大きな会社において、取締役会決議事項をすべて取締役会で決めなければならないとなると、わざわざ取締役会を開催するのは大変で、機動的な決定ができません。そこで、取締役の一部を特別取締役として、その議決だけで取締役会の決議として取り扱うことができるようにする制度なんです」

特別取締役とは

　特別取締役は、上記のように、取締役会決議事項を機動的に決定し、業務を円滑化するために設置を認められた制度です。

　特別取締役による決議は、取締役会の決議と同じように取り扱われます。そもそも、取締役会で決議しなければならない事項（会社法362条）は、下記のように多岐にわたります。

- ●重要な財産の処分および譲受け
- ●多額の借財
- ●支配人その他の重要な使用人の選任および解任
- ●支店その他の重要な組織の設置、変更および廃止
- ●会社法676条（募集社債に関する事項の決定）1号に掲げる事項その他の社債を引き受ける者の募集に関する重

要な事項として法務省令で定める事項
- 取締役の職務の執行が法令および定款に適合することを確保するための体制の整備
- 会社法426条（取締役等による免除に関する定款の定め）1項の規定による定款の定めにもとづく423条（役員等の株式会社に対する損害賠償責任）1項の責任の免除

　取締役の人数が多い会社において、これらをすべて取締役会で定めないといけないとすると、機動的な経営が難しくなってしまうため、**重要な財産の処分および譲受け**、**多額の借財**について、特別取締役のみで決定することができるようにするのです。

特別取締役を設けるにはどうするか

　特別取締役を設けるには、以下のような要件を満たす必要があります。

◎「特別取締役」設置の要件◎

- 指名委員会等設置会社でない取締役会設置会社であること
  （※）監査等委員会設置会社の場合は、例外的に設置できない場合があるので気をつけてください（会社法371条参照）。
- 取締役が6名以上いること
- 3名以上の取締役を取締役会において特別取締役に選任すること
- 社外取締役を設けること（特別取締役のなかに社外取締役はいなくてもよい）
- 特別取締役について登記すること（会社法911条3項21号）

特別取締役会の招集

　特別取締役会の招集については、各特別取締役が、原則として会日の１週間前までに、各特別取締役と監査役に通知をする必要があります。

　ただし、全員の同意があれば、この手続きは省略可能です。

特別取締役会の決議

　特別取締役会では、過半数の特別取締役が出席し、その過半数により決議することが必要です。もっとも、この要件については、事前に取締役会で**加重**することが可能です。

　取締役会と同様、決議事項に特別利害関係を有する特別取締役は、特別取締役会の決議に参加できず、定足数にも含まれません。

　特別取締役会開催後は、議事録を作成します。

　また、同会で決議した事項は、取締役会による決議が成立した後、遅滞なく他の取締役に決定事項を報告しなければなりません（会社法373条３項）。

◎特別取締役と取締役会の関係◎

特別取締役（３名以上）

報告　↓　↑　選任、一部権限委譲

取締役会
（取締役６名以上、うち社外取締役１名以上）

4章

使用人兼務取締役の
ここに注意しましょう

日本では「取締役○○部長」といった肩書の人がたくさんいます。取締役オンリーの人とはどこが違うのでしょうか。

従業員の身分はなくなるの？

取締役内定者「私は、いまは企画開発部長ですが、取締役になると、従業員としての身分がなくなるって本当ですか？　今後も企画開発部長は続けてくれといわれているんですが…」

弁護士「取締役になるからといって、必ずしも従業員の地位がなくなるとは限りません。企画開発部長としての職務も続けてほしいというからには、従業員としての身分はなくならず、使用人兼務取締役ということでしょう。安浦さんのために、使用人兼務取締役についてさらに詳しくみていきましょう」

就任時における法律関係は？

　会社の従業員が取締役になる場合、いったん取締役就任時に退職し、雇用関係を解消する（すなわち従業員ではなくなる）ことも多くあります。

　会社によっては、就業規則において、従業員が取締役に就任する際には退職になる旨を定めていることもあるようです。この際、特に規定がなければ、従業員から取締役に就任する者は、同時点における従業員としての退職金を会社から受領します。

　もっとも、使用人兼務取締役は、**勤務の実態により判断**されます。

　いったん退職したからといって、取締役就任後も従業員と同様の立場での勤務を継続しており、会社からの指揮監督を受けている場合は、使用人兼務取締役といえるでしょう。

　従業員に対する労働法の適用をなくすために（たとえば、残業代を払いたくない、給与を下げたい等）、退職させて取締役に就任させるというような行為は、認められるべきではありません。

　取締役になることを打診された場合は、就業規則の規定を確認するとともに、その後の仕事内容、条件等についてよく確認・検討することが大事です。

使用人兼務取締役の位置づけ

　使用人兼務取締役は、もともと会社の従業員であったことが多く、どちらかというと、従業員の延長上に取締役を位置づけている人もいるようです。しかし、**取締役になるということは、相応の責任が伴います**（☞詳細は6章）。この点は、肝に銘じてください。

　使用人兼務取締役は、取締役と従業員の両方の性格を併せもつことになります。会社との委任関係（取締役としての性格）、会社との雇用関係（従業員としての性格）から、次のような規制を受けることになるのです。

法令による規制を受ける

　前述のように、使用人兼務取締役は、取締役としての地位については、会社法（および民法の委任に関する規定）の適用を受けます。

　従業員としての地位については、労働法（労働基準法、労働契約法等の労働関連法規の総称）および民法の雇用に関する規

定の適用を受けます。

　次項以下では、使用人兼務取締役としての労働の対価（報酬、給与）や身分の保障、そして従業員との責任の違いについてみていきましょう。

4-2

使用人兼務取締役の
役員報酬と賃金

取締役内定者「使用人兼務取締役が会社から受け取る対
価については、取締役としての報酬部分と、従業員として
の賃金部分があると聞きましたが、まだイメージがわきま
せん。もう少し具体的に教えてもらえませんか？」

弁護士「わかりました。報酬と賃金の違いを中心に、さ
らに具体的にみていきましょう」

報酬と賃金にはどんな違いがあるのか

　使用人兼務取締役が会社から受け取る労務の対価については、
取締役の報酬としての性質と、従業員の賃金（給与）としての
性質があります。金額の内訳を決めて、規定していることも多
くあります。

　3－3（☞102ページ）でも触れていますが、さらに詳しく
みてみましょう。

①取締役としての報酬

　使用人兼務取締役は、取締役としての業務執行の対価として
会社から報酬を受領することになります。

　取締役の報酬は、株主総会で定めなければなりませんが、株
主総会でその総額が決められ、取締役会（または取締役会の委
任により代表取締役）が各取締役の報酬の具体的金額を決める
ことが多いというのは、前述のとおりです。

報酬を決める時期については、法律上の定めはありませんが、会社の業績が悪いと、事業年度の途中でも報酬を大幅に減額されることがあります。

会社が倒産した場合は、未払いの報酬は他の債務と同列に扱われ、特別な保障はされません。

②従業員としての賃金

使用人兼務取締役が受領している従業員としての賃金部分については、労働法により手厚く保障されています。

従業員の給与は、入社時に会社との合意により定められ、その後は会社の就業規則、給与規程や慣行に従って増額していくのが通常です。給与の減額（降給）、つまり労働条件の不利益変更は、非常に限られた場合しか認められません。

たとえば、会社と労働者が個別に賃金の減額を合意する場合であれば、労働者と使用者が対等の立場において、就業の実態に応じて、均衡を考慮しつつ、仕事と生活の調和にも配慮するなどして、変更について合意しなければなりません（労働契約法3条）。

さらに、合意内容が就業規則で定める基準に達しない場合は、その部分は無効となります（同法12条）。

就業規則を変更することにより、賃金の減額を図る（あるいは、賃金体系を変えて一部の従業員にとって減額となる）場合は、変更後の就業規則を労働者に周知させ、かつ、就業規則の変更が、労働者の受ける不利益の程度、労働条件の変更の必要性、変更後の就業規則の内容の相当性、労働組合等との交渉の状況その他の就業規則の変更に係る事情に照らして合理的なものでなければならず、労働契約において就業規則で変更されないことを合意していないことも必要です（同法10条）。

これらの条件をみても、賃金が簡単には減額されない（できない）ことがわかっていただけると思います。

　また、前述のように、懲戒の一種である減給処分については、就業規則等に規定しておくことが必要ですし、1回の額が平均賃金の1日分の半額を超え、総額が1賃金支払期における賃金の総額の10分の1を超えてはなりません（労働基準法91条）。
　会社が倒産した場合は、使用人兼務取締役であっても、従業員としての賃金部分は、会社に対する他の債権に優先して支払われます。

4-3

使用人兼務取締役の
解任と解雇

取締役内定者 「取締役になると、単なる従業員でいたと
きと違って、すぐに首を切られないか心配です。特に、使
用人兼務取締役の場合は、どうなのでしょう。成果が出な
いとすぐに辞めさせられたりするのですか？」

弁護士 「報酬・賃金と同様、取締役の地位と従業員の地
位とで分けて考える必要がありますね。使用人兼務取締役
は、従業員としての地位と、取締役としての地位、それぞ
れについて、異なる身分保障を受けるんです」

従業員としての地位に関する身分保障

　従業員は、労働法や就業規則等により保護されており、会社
が従業員を辞めさせるためには、厳しい要件を満たさなければ
なりません。

　従業員の解雇は、客観的に合理的な理由を欠き、社会通念上
相当であると認められない場合は、その権利を濫用したものと
して、無効となります（労働契約法16条）。その他、次ページ
図にあげたような要件をすべて満たさなければなりません。

　図の**❶**の**客観的に合理的な理由**とは、一般人からみて解雇さ
れてもしかたがないと思えるような理由をいいます。具体的に
は、労働者の身体または精神に疾病や障害などがあり、業務に
堪えられないと認められるときや、企業秩序違反があるとき、

◎従業員を解雇するときの要件◎

❶ 解雇に客観的合理性があること

❷ 解雇が社会通念上相当であること

❸ 就業規則や労働協約に定めてある解雇事由に従って解雇していること

❹ 法令で定められている解雇禁止事由に該当しないこと

❺ 30日以上前の解雇予告またはこれに代わる解雇予告手当の支払い

業務遂行能力がないときなどです。

❷の**解雇が社会通念上相当である**かというのは、労働者の状況や行為が、解雇に見合ったものか否かです。たとえば、労働者の企業秩序違反が軽微であり、使用者がこれについて指導や教育をしていないにもかかわらず、いきなり解雇を行なうことはできません。

また、❸にあるように、**就業規則や労働協約に定めてある解雇事由に従って解雇**しなければなりません。この解雇事由は、限定列挙とされています。他の事由によっては解雇できないのが原則なのです。

さらに、❹にあるように、法令により、**解雇できない場面**が定められています。業務上の負傷・疾病による休業期間とその後の30日間、産前産後の休業期間とその後の30日間（労働基準

法19条）や、国籍、性別、信条、社会的身分を理由とする解雇（同法３条）、女性の妊娠、出産、産休に起因する能率の低下や労働不能（男女雇用機会均等法９条３項）などです。

そして❺にあるように、原則として、解雇しようとする日の30日以上前に**解雇の予告**を行なうか、**予告に代わる解雇予告手当**として30日に満たない分の日数分の平均賃金を支払わなければなりません（労働基準法20条）。

懲戒解雇をする際にも、就業規則等において定められた懲戒規定にもとづいて解雇する必要がありますが、懲戒解雇は普通解雇よりさらに重い処分なわけですから、上記解雇よりさらに厳格な要件を満たさなければなりません。

以上のとおり、従業員の解雇には厳格な要件を満たす必要がありますし、**使用人兼務取締役であるとしても、その従業員の地位は容易に失うことはない**といえるでしょう。

また、使用人兼務取締役について、仮に取締役としての地位を辞任、退任したり、解任等されたとしても、従業員としての地位を失うものではありませんし、上記要件を満たすことなく解雇されることはないことも、重要です。

🏢 取締役としての地位に関する身分保障

一方、取締役としての地位については、委任契約の解除の自由の原則（民法651条）により、いつでも委任契約を解約でき、また解約される立場にあります。会社法上も、「役員はいつでも株主総会の決議によって解任することができる」と明記されています（会社法339条１項）。

正当な理由がない解任の場合は、会社は契約期間満了時までの報酬を支払う必要があります（同条２項）が、正当な理由が

あれば、これも保障されません。

　「正当な理由」とは、①**法令や定款に違反する行為**、②**会社に対する背信行為**、③**職務上の義務違反行為や任務懈怠**、④**心身の障害による職務遂行不能**等をいいますが、場合によっては**経営能力の欠如**も正当な理由と判断されることがあります。

使用人の地位に
甘んじてはいけない！

取締役内定者「いろいろ聞いてきましたが、なんだか使用人兼務取締役って、お得な気がしてきました。取締役の立場も従業員の立場もあって、もし取締役じゃなくなっても従業員として残れるのなら、二重に保護されている感じじゃないですか」

弁護士「いやいや、そう考えるのは甘いです。以下に述べるように、取締役は大きな責任を負います。それに、使用人としての業務と取締役としての業務をこなさなくてはならないのですから、使用人兼務取締役は、すごく大変なんですよ！」

使用人と兼務でも取締役としての義務と責任を負う

　使用人兼務取締役とはいえ、使用人と取締役の両方の地位にいるのですから、取締役の地位において、取締役としての義務や責任を負うことは、他の取締役と変わりはありません。取締役会に出席し、会社の経営に携わらなければならないわけです。

　取締役は、会社に対し、**善管注意義務と忠実義務等を負って**いるのですが、これらの怠慢や不注意があり、会社に損害を与えた場合は、他の取締役等の役員と連帯して損害賠償責任を負わなければならなくなるのです。詳しくは、6章でみていきますが、以下でその概観をみておきましょう。

取締役としての義務がある

①善管注意義務

　取締役は、会社に対する一般的義務として、善良な管理者の注意義務（善管注意義務。民法644条）を負います。善管注意義務とは、取締役が、経営のプロとして、会社に損害を与えないように十分に注意する義務です。

②忠実義務

　また、取締役は、法令、定款の規定、総会の決議を遵守して、会社のために忠実にその職務を遂行しなければなりません（忠実義務。会社法355条）。この忠実義務は、善管注意義務をさらに具体的・注意的に規定したものと考えてください。

　これらの義務だけでなく、取締役にはさらに、他の取締役の行為が法令および定款を遵守し、かつ適正になされていることを監視する義務や、健全な会社経営のために会社が営む事業の規模・特性に応じたリスク管理体制を構築する内部統制システム構築義務（同法362条4項6号）を負っています。

③利益相反取引の制限

　取締役が、自己のためまたは第三者のために会社と取引する場合には、重要な事実を開示して取締役会の承認を得なければなりません（同法365条1項、356条1項2号）。取締役会非設置会社においては、株主総会の普通決議による承認が必要です（同法356条1項2号）。

④競業避止義務

　会社と競業する取引を自己または第三者の利益のために行なう場合は、その取引について重要な事実を開示して取締役会（取締役会非設置会社の場合は株主総会の普通決議）の承認を得なければなりません（同法365条1項、356条1項1号）。

取締役としての責任がある

　上記義務に違反すると、取締役は責任を問われる可能性があります。

　取締役の**任務懈怠責任**は、取締役退任後も、就任時期の行為により損害が発生している場合は、これを免れることはできません。

　会社の損害は、個人の取引による損害等と異なり、金額も大きく、後述するように取締役の責任は一部免除することができるとはいえ、かなり大きな負担となることは否めません。

　使用人兼務取締役といえども、経営のプロとして会社と委任契約を締結した以上（たとえ、これまで経営に携わったことがないとしても、取締役となった時点で、経営のプロとしての能力を求められます）、取締役の責任を負っているということは、肝に銘じなければならないのです。

5章

取締役の選任・退任・解任
のしかた

退任・解任などにより
取締役が終任すること
も知っておきましょう。

取締役の選任方法と欠格事由

取締役内定者「私が取締役になるには、何か用意しなければならない書類とか手続きってあるのですか？　いったん取締役になることを承認すると、何年間、取締役でなければならないのでしょうか？」

弁護士「そうですね。これまでは会社の機関のしくみや、取締役と従業員の違い、取締役の種類等についてみてきましたが、具体的に取締役になるには、どういう手続きが必要になるのかみていきましょう」

取締役の選任方法

　取締役は、株主総会で選任されるわけですが（会社法329条1項）、次ページ図のような手続きが踏まれることが通常です。

　なお、株主総会の決議については、定款で、要件を厳しくしたり、定足数を3分の1まで減らすことが可能です（同法341条）。

　さらに、取締役の選任決議においては、**累積投票をすることが可能**です。具体的には、1株あたり選任する取締役員数と同数の議決権を各株主に与え、ひとつの議決権を1人に投票しても、分散して投票してもよいという制度です。

　取締役の人数が、法令や定款で定められた員数を欠いてしまったときのために、補欠の取締役を定めることも可能です。

◎取締役を選任する際の手続きの流れ◎

 役員の経営会議における、取締役候補者の選定

↓

 選定された取締役候補者に対する打診・
取締役候補者の承諾

↓

❸ 取締役会における取締役候補者の決定
（株主総会における議案の決定）

↓

❹ 株主総会招集、株主総会における選任決議
（普通決議 ：過半数の株主の出席、うち過半数の
賛成）

↓  2週間以内

❺ 選任された取締役の登記
（株主総会議事録、新たな取締役の就任承諾書、
同人の印鑑証明が必要）

 ## 取締役になれない場合とは

　取締役になりたくても、なれない場合があり、これを「**取締役の欠格事由**」といいます。かなり限定されている場合ではあ

◎取締役の欠格事由◎

❶ 法人（会社法３３１条１項１号）

❷ 成年被後見人、被保佐人、外国法令上同様に扱われる者
（同項２号）

❸ 特定の罪を犯して刑に処せられ、刑の執行が終わった日、または刑の執行を受けることがなくなった日（刑の時効完成の日）から２年を経過しない者（同項３号）

❹ その他の罪による禁錮以上の刑の執行終了前の者、または刑の執行を受けることがなくなるまでの者（同項４号）

❺ 定款による資格制限者に該当する場合

❻ 監査役、親会社の監査役（同法３３５条２項）

❼ 競争会社の取締役（独占禁止法１３条１項）

りますが、念のため上の図で確認してください。

　なお、破産した場合は取締役になれないと考えている人も多いようですが、現行法においては、破産申立て後復権前でも、取締役になることは可能です。

　もっとも、破産手続開始決定があった時点で、いったん会社との委任契約が終了し（民法635条２項）、取締役を退任することになりますので、その後また株主総会において承認決議を得る必要があります。

取締役の員数、任期は
どうなっているの？

取締役内定者 「会社から、とりあえず私の取締役としての任期は2年といわれているのですが、これって普通ですか？　場合によっては、再任されることもあるんでしょうか。今後どうなるのか、不安で…」

弁護士 「そうですね、任期2年はいちばん原則的なパターンだと思います。ここでは、取締役は何人必要なのか、そして任期についての規定をみていきましょう」

取締役の員数はこうなっている

①会社法による規制

取締役の最低員数は、会社法により以下のとおり定められています。

- ●取締役会設置会社……3名以上（会社法331条4項）
- ●取締役会非設置会社…1名以上（同法326条1項）

（※1）　監査等委員会設置会社については、監査等委員会に3名以上の取締役（うち過半数は社外取締役）が必要です。

（※2）　指名委員会等設置会社については、各委員会にそれぞれ3名以上の取締役（うち過半数は社外取締役。兼任可）が必要です。

②定款による規制

取締役会設置会社においては、定款により取締役の最低員数

を増やし、最高数を定めることも可能です。

　取締役会設置会社の多くは、定款で、員数の上限を定めていることが多いようです。上限を定めることにより、外部からの買収防衛にもなるとされています。

取締役の任期はこうなっている

　取締役には、任期があります。

　取締役は、会社において大きな権限をもつことになります。その権限の濫用を防止するために、任期満了時に、再任をするのか、新しい取締役にするのか、株式総会の決議を経ることにより、定期的に株主の監督を及ぼす必要があるのです。

①原　則

　取締役の任期は、原則として**2年**（選任後2年以内に終了する事業年度のうち最終のものに関する定時株主総会の終結時まで）です（会社法332条1項本文）。

　定款または株主総会決議でその任期を短縮することは可能です（同項ただし書）。

　なお、株主総会決議で選任が承認されれば、もちろん再任も可能です。

②例　外

　以下の会社の場合は、例外があります。

㋐非公開会社（監査等委員会設置会社および指名委員会等設置
　会社を除く）の場合

　定款によって、任期を選任後10年以内に終了する事業年度のうち最終のものに関する定時株主総会の終結のときまで伸長することができます（同法332条2項）。

　特に、代表取締役が会社のオーナーである場合などは、取締役の選任に関し、株主総会を開くことにより株主の監督を及ぼす意味がありません。そこで、取締役の任期を伸長する場合も多くあります。

㋑監査等委員会設置会社の場合
　監査等委員以外の取締役の任期は１年、監査等委員である取締役の任期は２年です（同条３項）。また、監査等委員である取締役の定款または株主総会決議による任期の短縮はできません（同条４項、１項）。

㋒指名委員会等設置会社の場合
　取締役の任期は原則として１年です（同条６項）。

㋓会計監査人設置会社において定款により剰余金配当等の権限を取締役会に与えた場合
　取締役の任期は１年です（同法459条１項）。取締役に大きな権限を与えることから、取締役の任期を短縮し、株主のコントロールを多く及ぼして、バランスをとっているのです。

㋔定款で下記事項を定めた場合
　当該定款の変更の効力が生じたときに、取締役の任期は終了します（同法332条４項）。
- 監査等委員会または指名委員会等を置くこと
- 監査等委員会または指名委員会等を置く定めを廃止すること
- 株式譲渡制限の規定を廃止すること（監査等委員会設置会社および指名委員会等設置会社が行なう場合を除く）

取締役の退任・解任のしかた

取締役内定者「取締役は、任期満了になると取締役じゃなくなるんですよね。他にも取締役が辞めることになる場面はあるんですか？」

弁護士「はい。取締役が退任する場面は、いくつかあります。辞めたり、辞めさせられたり、辞めることになったり、といろいろです。もっとも、辞めたはずが、次が決まるまで責任が残ったりすることもあるので、場面ごとにみていきましょう」

任期満了による退任

取締役は、再任されなければ、任期満了により退任することになります。

取締役の辞任

取締役は、会社に損害がないかぎり、原則としていつでも取締役を辞めることができます（民法651条1項）。ただし、会社に不利な時期に辞任すると、病気などやむを得ない理由がないかぎり、会社に損害賠償をしなければなりません（同条2項）。

また、取締役を辞めても、それにより取締役の必要員数が欠けた場合は、次項の5-4で述べるように、新たな取締役が就任するまで、取締役の権利・義務が残ります（会社法346条1項）。

◎「辞任届」のモデル例◎

辞　任　届

株式会社○○○○
代表取締役　　○○○○殿

　私は、このたび一身上の都合により、20XX年○月○日
限りで貴社取締役を辞任いたします。

　20XX年○月×日

　　　　　　　　　　住所　　○○市○○町○－○－○
　　　　　　　　　　氏名　　○○　　○○　㊞

　辞任の方法としては、代表取締役に対し辞任の意思表示をなすことが必要で、代表取締役に意思表示ができない場合は、取締役会で辞任の意思表示をすればよいことになります。

　できれば、形に残るように**辞任届**（上記モデル例参照）を提出するのが望ましいでしょう。会社が受領してくれない場合は、会社に対し内容証明郵便を送付します。

　なお、会社によっては、取締役辞任の場合は、原則として辞任日より一定期間前に届出をするように定めているようです。

取締役の解任

　会社は、取締役を「いつでも株主総会の決議によって解任することができ」ます（会社法339条1項）。

　株主総会による解任決議は、普通決議ですが、定款で定めて

いれば、議決権を行使することができる株主の議決権の3分の1まで定足数を軽減または過半数を超えて加重できます（同法341条）。企業買収の防衛策のために、加重する場合もあるようです。

ただし、正当な理由がないのに解任された取締役は、会社に対して損害賠償請求することができます（同条2項）。この場合は、任期満了までの報酬相当額を請求することになるでしょう。

「正当な理由」とは、①法令や定款に違反する行為、②会社に対する背信行為、③職務上の義務違反行為や任務懈怠、④心身の障害による職務遂行不能等をいいますが、場合によっては経営能力の欠如も正当な理由と判断されることもあります。

なお、取締役に不正行為、または法令・定款に違反する行為があるにも関わらず、株主総会で取締役解任が否決された場合、一定の要件を満たす株主が、否決されたときから30日以内に会社と解任されるべき取締役に対し、取締役解任訴訟を提起することができます（同法854条1項）。

 ## 取締役のその他の終任事由

取締役が死亡した場合、被成年後見人となった場合、破産した場合は、会社との間の委任契約は終了します（民法653条）。

そのほか、定款で取締役の資格が定められている場合で、その資格を喪失した場合も、取締役を退任することになります。

 ## 登記が必要

上記いずれの事由による終任の場合も、終任後2週間以内にその旨の登記をする必要があります（会社法909条）。

　会社が登記をしないまま放置されてしまうと、終任後の取締役は、第三者からみれば取締役のままなので、取締役を終任したことについてこれを知らない第三者に対抗できません（同法908条1項）。

　そこで、会社が登記を放置している場合は、辞任取締役は会社に対し、辞任登記をするよう裁判上の請求をすることができます。この裁判が確定すれば、取締役によっても辞任登記をすることが可能です。

5-4

取締役を辞めても、取締役のまま？

取締役内定者 「先ほど、取締役を辞任しても、取締役の権利義務が残る場合があると聞きました。これってほんとうですか？　とっても怖い規定のように思うのですが…」

弁護士 「ほんとうです。このような場合の取締役を、権利義務承継取締役ということがあります。取締役を退任した後でも、取締役の定数に欠員が出た場合は、次の取締役が決まるまで取締役としての権利義務を負い続けるのですから、取締役を退任するときは、このような事態はとにかく避けなければなりません」

権利義務承継取締役とは

　任期満了または辞任による取締役の退任により、法定または定款で定められた取締役の員数が欠けることになった場合は、会社は遅滞なく後任の役員を選任しなければならず、違反すると会社には過料の制裁が科されます（会社法976条22号）。

　しかしながら、会社による後任者の選任には、前述のように株主総会の決議が必要ですから、時間がかかる場合も多くあります。

　そこで、その後任が選ばれるまでの間、退任した取締役は、新たに選任された取締役が就任されるまではなお取締役としての権利義務を有することになります（同法346条1項）。

　この場合、取締役の任期が延びるわけではなく、あくまでも

◎権利義務承継取締役のしくみ◎

任期の満了または辞任による退任

&

法令または定款に規定された取締役の員数の欠員

この期間、取締役としての
権利義務を承継

後任取締役の株主総会決議による選任

または

裁判所による一時取締役の選任

取締役は退任しているのですが、その間、取締役としての権利義務が承継することになります。この間、取締役の退任登記はできません（最高裁判例）。

　一方、任期の満了や辞任以外の理由により取締役を退任した場合は、上記義務は生じません。なぜなら、任期の満了や辞任以外の理由により退任した場合には、会社と取締役との信頼関係が損なわれていることが多く、その者に任務を継続させることは合理的ではないからです。

権利義務承継取締役の権利義務

　前述のように、権利義務承継取締役は、後任の取締役が選任されるまで、取締役と同様の権利義務を負います。

たとえば、後任取締役を選任する株主総会決議の取消訴訟を提起することもできます（会社法831条1項）。

一時取締役の選任

　任期満了または辞任による退任に限らず、取締役が法定または定款所定の員数を欠いた場合、裁判所は、必要があると認めるときは、利害関係人の申立てにより、一時、取締役としての職権を行なうべき者（**一時取締役**）を選任することができます（会社法346条2項）。一時取締役の権限は、他の取締役の権限と同様です。

　なお、会社の唯一の取締役が死亡した場合に、会社外の利害関係人が会社に意思表示を受領させるために一時取締役の選任を請求することができるとした裁判例もあります（大阪高裁／平成6年12月21日判決）。

　一時取締役が選任されると、嘱託登記（裁判所による登記）がなされます（同法937条1項2号イ）。

　この一時取締役が選任されることにより、権利義務承継取締役は取締役としての権利義務を失うことになります。

6章

取締役の権限と責任とは何か

この章は本書のキモです。しっかりと理解しましょう。

6-1

取締役の権限とは

取締役内定者 「取締役は、会社を代表するわけだし、会社のなかで大きな権限をもっているイメージがありますよね。いったい、どれくらいの権限をもっているんですか？」

弁護士 「あらあら、いろいろ妄想されるのはいいですが、責任を伴っての権限です。そして、取締役の権限は、会社の機関設計によってそれぞれ異なります」

取締役の権限は、取締役会があるかないか、指名委員会等設置会社か否かで、それぞれ異なります。具体的にみていきましょう。

取締役会非設置会社の場合の権限

取締役会を設置しない取締役会非設置会社では、取締役は、原則としてそれぞれ会社を代表して業務を執行します（会社法348条1項）。

したがって、取締役が1人の場合は、当該取締役が1人で業務の方針を決定し、執行することができます。取締役が2人以上いる場合は、業務執行の決定は取締役の過半数によって決定することになります。

業務の執行については、取締役が2人以上いる場合でも、特に定款の定め等により代表取締役を定めていなければ、それぞれの取締役が1人で業務を執行することが可能です。

取締役会設置会社の場合の権限

　取締役会設置会社においては、取締役会が、会社の重要な業務に関する執行を行ないます。

　実際には、取締役会は会議体ですので、取締役会が代表取締役や業務執行取締役を選任し、同人に業務執行を委任し、その業務執行を監督することになります。

　したがって、各取締役は、重要な業務の決定について、取締役会の構成員として意思決定に参加することしかできず、また、会社の重要な業務の執行については、上記のとおり取締役会により委任された代表取締役や業務執行取締役がするので、その他の取締役については、他の取締役の職務執行を監督し、代表取締役の選任・解任を行なうことができるにすぎません。

　なお、取締役会設置会社では、取締役会が下記事項を決定しなければならないということは、前述のとおりです。

①重要な財産の処分および譲受け
②多額の借財
③支配人その他の重要な使用人の選任および解任
④支店その他の重要な組織の設置、変更および廃止
⑤社債の募集
⑥内部統制システムの構築
⑦定款規定にもとづく取締役等の責任の一部免除

 ## 指名委員会等設置会社の場合の権限

　指名委員会等設置会社の取締役は、原則として業務執行を行なうことはできません（執行役を兼任すれば業務執行に関与で

◎取締役の権限◎

❶ 取締役会非設置会社

- 取締役が１人の場合は、当該取締役が業務の方針決定、執行

- 取締役会が２人以上の場合は、過半数により業務の方針決定、各取締役が執行。代表取締役がいる場合は、代表取締役が業務の執行

❷ 取締役会設置会社

- 取締役会が重要な業務の方針決定（各取締役は取締役会の一員として決定に参加）

- 取締役会から委任を受けた代表取締役や執行役が業務を執行

❸ 指名委員会等設置会社

- 取締役（または取締役会）が基本事項の決定

- 執行役が業務の執行

きます）。代表執行役が会社を代表し、取締役会で選任された執行役が業務執行を担当するからです。

　取締役は、基本事項の決定をして、委員会の委員と執行役の選任・解任・監督のみを行ないます。

　以上、取締役の権限についてまとめると、上図のようになります。

取締役の義務①
善管注意義務と忠実義務

弁護士 「さてさて、取締役の権限についてみてきましたが、では、取締役はどのような義務を負っているのか、みていきましょうね」

取締役内定者 「先生にここまで散々言われているだけあって、なんだかこわいです…」

取締役は善管注意義務と忠実義務を負う

①善管注意義務とは

会社と取締役との関係は委任関係であることはお話ししました（会社法330条）。したがって、取締役は会社に対し、一般的な義務として、善良な管理者としての注意義務（**善管注意義務**。民法644条）を負うことになります。

善管注意義務とは、取締役が、その地位にある者に通常期待される程度の注意を払って、会社に損害を与えないようにしなければならない義務のことをいいます。前述のように、取締役は経営の専門家として会社との間で委任契約を締結しているわけですから、その義務の水準はある程度高いものとなります。

②忠実義務とは

また、取締役は、法令および定款の定めならびに総会の決議を遵守し、会社のために忠実にその職務を遂行する義務を負っています（会社法355条）。この義務を**忠実義務**といいます。

忠実義務の代表的な内容のひとつに、会社との利害対立状況において私利を図らず、会社の利益（総株主の利益）を最大にしなければならない、ということがあります。

　たとえば、取締役が会社に貸付けをする場合（小規模の企業ではよくあります）、当該貸付けも会社の利益（ひいては総株主の経済的利益）を優先に貸し付けなければならないのです。

③善管注意義務と忠実義務の関係

　以上の内容だけでは、善管注意義務と忠実義務の違いはよくわからないと思われるかもしれません。忠実義務は、善管注意義務を敷衍し、かつ、いっそう明確にしたもの、すなわち同質のものとされています（判例および通説）。

🏢 善管注意義務・忠実義務から派生した義務

　善管注意義務と忠実義務は、取締役が負っている最も基本的な義務です。これらの義務から派生して、取締役には、**監視義務**および**内部統制構築義務**が課されています。そのほか、後述する**競業避止義務**および**利益相反取引の制限**があります（☞6－3、6－4）。

　監視義務とは、取締役が、他の取締役が法令（善管注意義務および忠実義務を含む）や定款を遵守し、適法かつ適正に業務を行なっているか監視する義務のことをいいます。

　内部統制構築義務とは、規模が大きくなった会社では、各取締役がすべての業務について把握することはできないため、取締役会においてリスク管理体制を構築しなければなりません（会社法362条4項6号）。取締役は、取締役会の構成員として上記リスク管理体制を構築しなければならないし、その運用により取締役の業務の監視をしなければならないのです（☞1－14）。

コラム

会社補償と役員賠償責任保険に関する規律の整備

①会社補償

　役員はさまざまな義務や責任を負っています。そこで、役員が損害賠償を恐れることによる職務執行の萎縮を防止するため、そして優秀な人材の確保のためには、会社による補償が必要となります。一方、会社補償が認められる範囲によっては、モラルハザードが生じる懸念もあることから、補償範囲を限定する必要もありました。

　そこで、令和3年3月施行の改正会社法により、以下の規律が創設されました。

　役員等と会社の間で、役員等が職務執行に関して法令違反が疑われる等、責任の追及に係る請求を受けたことで要する費用等を会社が補償するというものです（会社法430条の2第1項）。この費用については、すべてが認められるわけではなく、相当な範囲に限定するなど補償内容が制限される場合があります（同法430条の2第2項）。また、公開会社は、補償契約を締結した場合は、対象役員の氏名や補償契約の内容等を当該事業年度の事業報告書に記載する必要があります。

②役員賠償責任保険（D＆O保険）に係る規律

　令和3年3月施行の会社法改正によって、株式会社が、役員等のために加入する保険契約を保険者との間で締結する場合の規制も創設されました。手続きとしては、保険の内容につき株主総会（取締役会設置会社にあっては、取締役会）の決議が必要です（同法430条の3第1項）。

　一方、いわゆる生産物賠償責任保険（PL保険）、企業総合賠償責任保険（CGL保険）、自動車賠償責任保険、海外旅行保険等に係る保険契約については、上記の決議は不要です。

　公開会社が保険契約を締結した場合は、当該事業年度の事業報告書に、被保険者である役員の氏名や保険契約の内容を記載する必要があります。

6-3 取締役の義務②　競業避止義務

取締役内定者「実は、うちの会社の取締役の１人が、先日、社長に対し、取締役を続けながら、不動産の管理会社を自分で立ち上げたいと言ったところ、すぐに反対されてしまったそうなんです。取締役だと、サイドビジネスは禁止されるんですかね？」

弁護士「必ずしもすべてのサイドビジネスが禁止されるわけではありません。会社との委任契約の内容がどうなっているのか、そのサイドビジネスの内容が会社の業務と競業するのか、慎重に検討する必要があります。競業避止義務は、取締役にとって最も重い義務のひとつなんです」

競業避止義務とは

　取締役は、その在任中、自己または第三者の利益のために、「会社の事業の部類に属する取引」（競業取引）を行なうことが制限されています（**競業避止義務**。会社法356条１項１号、365条１項）。

　「競業取引」とは、具体的には、会社が実際に行なっている取引と目的物、市場が競業する取引のことをいいます。

　取締役は、会社の業務の決定をすることができる地位にありますので、会社の企業秘密や数字について、よく知っているということは、いうまでもありません。

その取締役が、会社と競業する取引をすれば、たとえば会社より低額で仕事を受けたり、会社の企業秘密を利用するなどして、会社の顧客等を奪うことが容易にできます。

したがって、会社法は、取締役が原則として会社との競業取引ができないように、取締役に対して競業避止義務を課しているのです。

競業避止義務に関する制限措置

取締役が行なう会社と競業する取引については、**取締役会設置会社では取締役会の承認が必要**です（会社法365条1項）。なお、競業取引を行なう取締役は、特別利害関係人に該当しますので、当該決議に参加することはできません。

取締役会非設置会社では、株主総会の承認（普通決議）が必要です（同法356条1項1号）。

また、取締役は、上記において競業取引の承認を受ければ、当該競業取引を行なうことができるようになりますが、承認を受ける際には重要な事実について、取締役会（あるいは株主総会）に情報を開示しなければなりません。

さらに、取締役会設置会社においては、競業取引の事後速やかに、当該取引の重要な事実を取締役会に報告しなければなりません（同法365条2項）。

この重要な事実とは、たとえば、会社の商品と類似する商品の売買取引を行なう場合は、顧客層、取引地域、売買の目的物、売買金額、売買時期等を指します。競業する会社の役員になる場合は、当該会社の事業の内容や規模等を開示することになります。

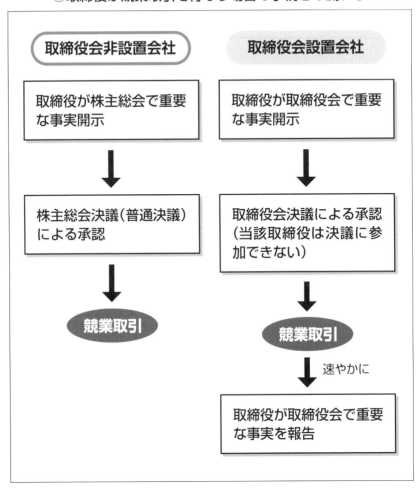

◎取締役が競業取引を行なう場合の手続きの流れ◎

取締役会非設置会社

取締役が株主総会で重要
な事実開示

↓

株主総会決議(普通決議)
による承認

↓

競業取引

取締役会設置会社

取締役が取締役会で重要
な事実開示

↓

取締役会決議による承認
(当該取締役は決議に参
加できない)

↓

競業取引

↓ 速やかに

取締役が取締役会で重要
な事実を報告

　取締役が競業取引を行なう場合の手続きの流れについては、上の図を参照してください。

競業避止義務違反に対する責任

　競業避止義務に違反して、取締役会や株主総会の承認を得ずに競業取引を行なった場合、当該取締役は、会社に対し**損害賠**

償責任を負うことになります。

　この際の、会社に生じた損害は、当該取締役あるいは第三者が得た利益の額が会社に生じた損害であると推定されることになりますので、注意してください（会社法423条1項、2項）。そして、法令違反行為ですので、**取締役を解任される可能性**もあります。

　また、会社に対し重要な事項を開示して取締役会や株主総会の承認を経て競業取引を行なった場合でも、開示内容に虚偽が含まれていた場合などは、同様に競業避止義務違反の責任を問われる可能性があります。

　さらに、上記競業避止義務に反していなくても、当該競業取引によって会社に損害を与えた場合は、取締役は善管注意義務や忠実義務違反として責任を問われる可能性もありますし、競業取引に賛成した取締役についても、**任務懈怠責任を問われる可能性**があります。

コラム

社外取締役による業務執行①

　前述の社外取締役の要件（☞99ページ。会社法2条15号）によれば、社外取締役が会社の業務を執行すると、その社外性が失われてしまいます。

　しかし、あらゆる場面で、社外取締役が業務執行することにより社外性が否定されてしまうと、社外取締役が期待される役割を果たすことができなくなることも懸念されます。

（151ページコラムへ続く）

取締役の義務③
利益相反取引の制限

取締役内定者 「たしかに、競業避止義務は怖いですね。特に、取締役会で賛成した取締役も責任を問われるというところが…。うかつに賛成できませんね。ほかにも似たような取締役の義務ってありますか？」

弁護士 「はい。先ほど述べたように、競業避止義務と同様に重大な義務として、取締役に対する利益相反取引の規制の規定があります」

利益相反取引とは

　利益相反取引とは、取締役がみずから当事者として、または代理人もしくは代表者として、会社と取引（財産の譲受け、金銭の借入れ、財産譲渡等）をすることをいいます。

　利益相反取引の対象となる会社との取引については、会社との直接の取引はもちろん（会社法356条1項2号）、間接取引（同法356条1項3号。たとえば、会社が取締役の債務について、取締役の債権者に対して保証をする行為など）も含まれます。

　特に注意したいのは、親子会社で取締役を兼ねている場合です。親会社が100％株式を有する完全子会社である場合はまだしも、それ以外の場合は、利益相反取引に該当する可能性がありますので、注意が必要です。

　会社との取引ですので、取締役が自己または第三者の利益を

得ようとすれば、容易に会社に損害を与えてしまう可能性があります。したがって、後述するような規制を受けることになるのです。

なお、会社に不利益を及ぼさないことが明らかな取引については、この規定の対象にはなりません。

たとえば、取締役が会社に対し、何らの負担なく、金銭を贈与したり、無利息で金銭の貸付けをした場合は、利益相反取引には該当しないわけです。

利益相反取引に該当するか否かは、当該取引を実質的・具体的にみて判断されます。

利益相反取引に関する制限措置

取締役は、会社と利益相反取引をする場合は、取締役会設置会社では、その取引について重要な事実を開示して、取締役会の承認を得なければなりません（会社法365条1項、356条1項3号）。

なお、利益相反取引をする取締役は、特別利害関係人に該当し、当該取締役会の決議に参加できないことは、競業避止義務の場合と同様です。

また、取締役会非設置会社においては、その取引について重要な事実を開示して、株主総会の普通決議による承認を得なければなりません（同法356条1項）。

さらに、取締役会設置会社においては、利益相反取引をした取締役は、遅滞なく、その取引についての重要な事実を取締役会に報告しなければなりません（同法365条2項）。

取締役が利益相反取引を行なう場合の手続きの流れについては、次ページの図を参照してください。

◎取締役が利益相反取引を行なう場合の手続きの流れ◎

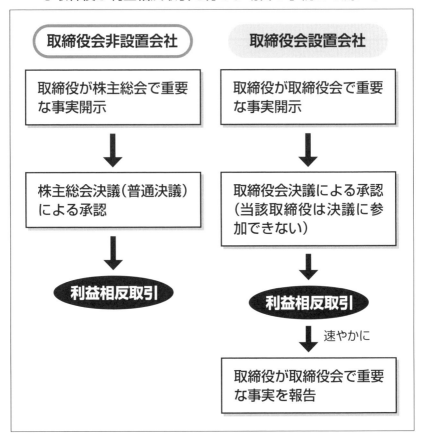

利益相反取引違反に対する責任

　利益相反取引制限の義務に違反して、取締役会や株主総会の承認を得ずに利益相反取引を行なった場合、当該取締役は、会社に対し**損害賠償責任を負う**ことになります（会社法423条1項）。法令違反行為ですので、**取締役を解任される可能性**もあります。

　さらに、上記義務に反していなくても、当該利益相反取引に

よって会社に損害を与えた場合は、取締役は善管注意義務や忠実義務違反として責任を問われる可能性もあります。特に、利益相反取引により会社に損害が生じたときは、取引を行なった取締役も、決定した取締役も、原則として任務を怠ったことと推定されてしまいます（同法423条3項）ので、利益相反行為にはかなり慎重になる必要があります（例外あり）。

　利益相反行為に関する取締役会の承認決議において反対する場合は、議事録にその旨反映すべきです。そのような記載がないと、賛成したものと判断され、その後、責任を問われる可能性があるからです。

　会社に対する責任については、次項以降でさらに詳しくみていきましょう。

コラム

社外取締役による業務執行②

　そこで、令和3年3月施行の改正会社法では、マネジメント・バイアウトや親子会社間の取引など、会社と取締役との利益が相反する状況にあるとき、その他の取締役が会社の業務を執行することにより株主の利益を損なうおそれがあるときは、そのつど、取締役会決議によって、会社の業務を執行することを社外取締役に委託することができることとし、この場合は社外取締役の資格を失わないこととされました（同法348条の2）。

　ただし、社外取締役が業務執行取締役の指揮命令により当該業務を執行した場合には、社外性を失うことになります（同法348条の2第3項）。

取締役の会社に対する責任①
任務懈怠責任

取締役内定者「取締役の義務については、これを知らないでいると大変なことになりそうですね。聞いておいてよかったです」

弁護士「そのとおりです。仮に知らないまま義務違反行為をすると、大変な目にあいかねません。どんな目にあってしまうのか、それぞれみていきましょう」

　取締役は、会社に対し、任務を怠ったこと（**任務懈怠**）により生じた損害を賠償する責任を負います（会社法423条1項）。

任務懈怠責任とは

　前述のように、取締役は、会社に対し善管注意義務（民法644条）および忠実義務（会社法355条）を負っています。取締役の任務懈怠とは、これらに対する違反です。

　「法令および定款ならびに株主総会の決議を遵守しなければならない」（忠実義務）のですから、法令で定められた善管注意義務や忠実義務等の規定はもちろん、他の法令（会社や株主の利益保護を目的としていない法令を含む）に違反しても、任務懈怠に該当します。

　もちろん、他の取締役に対する監視義務を怠って会社に損害を与えた場合であっても、任務懈怠に該当します（**不作為による任務懈怠**）。

過失責任を負う

　任務懈怠責任は、過失責任です。つまり、取締役は、当該行為を行なったことについて、**故意または不注意があった場合を除いて、責任を負う必要はない**のです。

　裁判等において、取締役の故意または過失を立証しなければならないのは、取締役に責任を追及する側です。

　もっとも、以下で説明するように、利益相反取引については、一部例外があるので、気をつけてください。

過失責任に関する特別規定および例外

①第三者のために利益相反行為を行なった場合（立証責任の転換）

　取引を行なった取締役および当該取引を行なうことについて賛成した取締役（議事録において異議を述べたことが記載されていない取締役を含む）にも、過失があったことが推定されるので（会社法423条3項。ただし監査等委員会設置会社については、同条4項により、監査等委員以外の取締役と会社との利益相反行為について、監査等委員会の事前の承認を受けたときは、この推定は働きません）、責任を追及されている取締役側が過失がなかったことを証明しないかぎり、会社に対し損害賠償責任を負わなければなりません。

②自己のために利益相反行為を行なった場合

　自己のために利益相反行為を行なった場合で、会社に損害を与えた場合は、過失がなかったことを証明できても、損害賠償責任を免れることはできません（無過失責任）。

　なお、任務懈怠責任の場合、善管注意義務・忠実義務・競業

取引・第三者のために行なった利益相反取引については、総株主の同意があれば責任を免除し、株主総会・定款によって軽減制度が設けられている場合は、取締役の責任を軽減することが可能です（☞6-8参照）。

「経営判断の原則」の考え方

　これまで述べてきたように、取締役には重い義務と責任が課されているわけですが、このように重い責任を問われることを思うと、取締役が萎縮してしまい、会社にとって効果的な意思決定を行なうことができなくなってしまいます。

　そこで、一定の場合には、取締役の責任を問う必要がないとするのが、「経営判断の原則」の考え方です。次項で詳しくみていきたいと思います。

賠償額はどのくらい？

　取締役は、当該取締役の任務懈怠行為（不作為を含む）によって**会社が被った損害額**を賠償しなければなりません。

　取締役の当該行為により会社が同時に利益を得たときは、場合により損益が相殺されることもあります。

連帯責任が問われることも

　各行為をした複数の取締役は、会社に対し連帯して責任を負うことになります（会社法430条）。

　ただし、会社が、後述のように一部の取締役に対してのみ責任の免除をした場合、残りの取締役は、責任の免除を受けた取締役の負担部分について責任を免れることになります。

取締役の会社に対する責任②
経営判断の原則

取締役内定者「前項の解説によれば、会社に対する責任は、経営判断の原則にもとづくなら、責任を負わなくて済む場合があるということですか？　詳しく教えてください」

弁護士「もちろんです。取締役の責任を軽減する、経営判断の原則について、詳しくみていきましょう」

「経営判断の原則」とは

　取締役は、会社の経営に関し経営者としての注意義務を怠った場合は、善管注意義務違反として任務懈怠責任（会社法423条１項）を負うのが原則です。

　もっとも、取締役が会社の経営方針を決定するにあたっては、会社の利益のために冒険的な決定をしなければならないこともあります。会社の経営に関し誤った判断をすれば、即、会社に対する損害賠償責任が発生するとすれば、取締役は萎縮し、このような冒険的な決定や判断をすることができなくなり、ひいては会社のためにもなりません。

　「**経営判断の原則**」とは、取締役の経営判断が会社に損害を与える結果となっても、取締役による当該判断が誠実かつ合理的な範囲でなされた場合には、善管注意義務違反とはならないという法理のことをいいます。

　具体的には、①経営判断の前提となった事実の認識に不注意な誤りがないこと、および②経営判断の過程・内容が著しく不

合理でないことを求められることが多いといえます。

 ## 経営判断の原則が認められた事例

　経営判断の原則については、アメリカの判例法上発展した法理です。

　日本でも法律上定められているわけではありませんが、多くの裁判例において、前ページ①、②の観点から取締役の責任を合理的な場合に軽減・免除しています。

　最高裁判例においては、正面から経営判断の原則を述べてはいないものの、取締役の判断について、大きな裁量を認めたうえで、「その決定の過程、内容に著しく不合理な点がないかぎり、取締役としての善管注意義務に違反するものではないと解すべきである」としたものがあります（アパマンショップHD株主代表訴訟。最高裁／平成22年7月15日判決）。

　経営判断の原則にしたがって、取締役の責任を免じた裁判例（東京地裁／平成16年9月28日判決：『判例タイムズ』1243号43頁）について、みてみましょう。

【事案】

　百貨店を運営するX社が、トルコ共和国において出店事業を計画し、現地法人に対し事業のため2回にわたり各1,500万米ドルを貸し付けましたが、その後、X社の経営が悪化し、同社の民事再生手続きが開始されました。

　X社は、上記貸付け当時に取締役であったYらに対し、現地法人への貸付けおよび回収業務に注意義務違反があったとして、Yらに対する損害賠償請求権の査定決定を申し立てたところ（民事再生法143条1項）、再生手続きを行なう裁判所がYらの損害

賠償債務を16億2,570万円と査定しました。

　これに対し、Ｙらが異議の訴えを提起した事案です。

【判旨】

　裁判所は、以下の判旨を述べたうえで、本件事案については、Ｙらには、第二の貸付けを中止し、または確実な保全措置をとる義務、その後、出店事業計画を中止し、債権を回収すべき義務に違反するところはないと判断しました。

　「企業の経営に関する判断は、不確実かつ流動的で複雑な多様な諸要素を対象にした専門的、予測的、政策的な判断能力を必要とする綜合的判断であり、また、企業活動は、利益獲得をその目標としているところから、一定のリスクが伴うものである」

　「取締役の業務についての善管注意義務違反または忠実義務違反の有無の判断に当たっては、取締役によって当該行為がなされた当時における会社の状況および会社を取り巻く社会、経済、文化等の情勢の下において、当該会社の属する業界における通常の経営者の有すべき知見および経験を基準として、前提としての事実の認識に不注意な誤りがなかったか否かおよびその事実にもとづく行為の選択決定に不合理がなかったか否かという観点から、当該行為をすることが著しく不合理と評価されるか否かによるべきである」

6-7 取締役の会社に対する責任③ 利益供与と違法な剰余金分配

弁護士 「これまで、任務懈怠責任についてみてきましたが、会社法は、取締役の特別な責任として、利益供与の禁止と違法な剰余金分配の禁止に関する規定を定めています」

取締役内定者 「うへぇ～、まだあるのですね」

 ### 利益供与に関する特別な責任

①利益供与とは

利益供与とは、株主の権利行使に関して、会社あるいは子会社が財産上の利益を与えることをいいます。

たとえば、総会屋が多かった時代には、株主総会をスムーズに運営するために、総会屋に対し金品を与えていることなどがありました。

このようなことが頻繁になされると、会社の経営は不健全になりますし、会社の財産も減少してしまいます。そこで、会社法は、利益供与に関し、取締役に重い責任を課しました。

②利益供与をした場合の取締役の責任

利益供与に関与した取締役として法務省令（会社法施行規則21条）で定められているものは、その職務を行なう際に注意を怠らなかったことを証明しないかぎり、会社に対し、連帯して、供与した利益の価格に相当する額を支払う義務を負います（会社法120条4項）。

◎利益供与をした（決定した）取締役の責任◎

❶ 利益供与をした取締役

➡ 無過失責任（注意を怠らなかったことを証明しても責任を免れない）

❷ その他利益供与に関与した取締役

➡ 過失責任（注意を怠らなかったことを証明したら責任を免れることができる）

　原則として、この義務に違反したことについて取締役に故意や注意義務違反（過失）があった場合に責任を負うことになるのですが（**過失責任**）、当該**利益の供与をした取締役**は、注意を怠らなかったことを証明しても、支払い義務を免れることはできません（**無過失責任**。同法120条4項ただし書）。

違法な剰余金分配に関する特別な責任

①分配可能額を超える配当

　会社は、利益を剰余金として株主に配当します。

　剰余金は、分配可能額（剰余金額から自己株式の帳簿価格等を差し引いた額）を超えて行なってはいけません。分配可能額を超えて配当がなされた場合、当該配当は無効となり、当該行為に関する職務を行なった取締役、当該行為が株主総会または取締役会の決議にもとづき行なわれた場合においては、その議案を提案した取締役は、**交付された金銭等の帳簿価格に相当す**

る**金銭**を会社に支払う義務を負います（会社法462条1項）。

　会社は、分配を受けた株主に対しても無効となった配当金の返還を求めることができるのですが、株主が多数いる場合、株主からそれぞれ返還を受けるのは、困難な場合も多いため、取締役に対して請求することができることになっているのです。

　もっとも、取締役はその職務を行なうについて注意を怠らなかったことを証明したときは、その義務を免れることができます（**過失責任**。同法462条2項）。

　なお、会社に対する義務を履行した取締役は、分配可能額を超える金銭等の交付であることを知って受領した株主に対し、求償することが可能です。

②欠損の発生

　会社が分配可能額の範囲内で剰余金の配当を行なっても、その行為をした日の属する事業年度末に係る計算書類において、欠損が生じた場合には、その行為に関する職務を行なった業務執行者は、会社に対し、当該欠損額と当該行為により株主に対し交付した金銭等の帳簿価格の総額とのいずれか少ない額を支払う義務を負います。

　取締役は、その行為をしても欠損が生じないと予測したことにつき過失がなかったことを証明したときにのみ、その責任を免れます（**過失責任**。同法465条1項）。

③取締役の責任

　これらの行為をした複数の取締役は、会社に対し連帯して責任を負います（同法462条1項）。当該取締役の責任は、原則として免除できませんが、分配可能額を限度として総株主の同意により免除することは可能です。

取締役の会社に対する責任④
責任の免除

取締役内定者 「取締役の責任を免除できる場合について、これまでもお聞きしたような気がしますが、まとめて教えてください」

弁護士 「はい。取締役の責任を限定したり、免除する場合の手続き等について、みていきましょう」

株主全員の同意による全額免除

取締役の責任は、株主全員の同意があれば、原則として全額免除することが可能です。

ただし、会社債権者との関係から、分配可能額を超過した剰余金の配当等に関する業務執行者や取締役の責任の免除は、総株主の同意があっても、分配可能額の範囲でしか効力を生じません（会社法462条3項ただし書、850条4項）。

株主総会特別決議による一部免除

取締役を含む役員の任務懈怠責任（会社法423条1項）については、役員が職務違反について知らず、重大な過失がなければ、株主総会（会社法425条1項により限定あり）の特別決議によって、下記を限度に損害賠償責任を一部免除することが可能です。

ただし、利益供与や違法剰余金分配については、この免除はできません。

①代表取締役・代表執行役の場合

➡年収６年分相当額から取締役が新株予約権を引き受けた場合の利益に相当する額を控除した額

②取締役（業務執行取締役等に限る）・執行役の場合

➡年収４年分相当額から取締役が新株予約権を引き受けた場合の利益に相当する額を控除した額

③上記以外の取締役・監査役・会計参与・会計監査人の場合

➡年収２年分相当額から取締役が新株予約権を引き受けた場合の利益に相当する額を控除した額

 取締役会決議による一部免除

　取締役の任務懈怠責任（会社法423条１項）については、**取締役が２人以上で、かつ監査役設置会社**（監査等委員会設置会社または指名委員会等設置会社でもよい）である会社においては、**定款にあらかじめ定めがある場合**は、上記「株主総会特別決議による一部免除」のような株主総会の特別決議を経ることなく、取締役会において、事案を勘案して、「株主総会特別決議による一部免除」と同様の限度内で、役員の責任を一部軽減することが可能です。

　定款には、免除の要件として、**①取締役の任務懈怠責任であること**、**②職務を行なうにつき取締役が善意・無重過失であること**、**③責任の原因となった事実の内容、職務の執行の状況その他の事情を勘案して特に必要と認めるときに免除することができる旨を定める必要があります**（同法426条１項）。

　ただし、定款を定める際も、取締役会に取締役の責任免除議案を提出する場合も、**監査役の同意**を要します。

　会社は、取締役会で責任免除の決定をしたときは、以下のことについて**公告し、または株主に以下を通知**しなければなりません。

- ●責任の原因となった事実および賠償責任額
- ●免除できる額の限度およびその算定の根拠
- ●責任を免除すべき理由および免除額
- ●免除に異議がある場合は一定の期間内（１か月以上）に述べるべきこと

　ただし、総株主の３パーセント以上がこれに異議を唱えたときは、責任を軽減することはできません。

責任限定契約の締結

　業務執行取締役等以外の取締役については、あらかじめ定款に、善意かつ重過失がないときは責任を限定するという責任限定契約を締結することができる、という規定がある場合は、責任限定契約を会社との間で締結することができます。ただし定款には、以下の事項を定めている必要があります（会社法427条１項）。

- ●業務執行取締役等以外の取締役の任務懈怠責任であること
- ●同人が職務を行なうにつき善意・無重過失であること
- ●定款で定めた額の範囲内で、あらかじめ会社が定めた額と法定の最低責任限度額とのいずれか高い額を限度として、業務執行取締役等以外の取締役が賠償責任を負う旨の契約を会社・同取締役間で締結することができること

取締役の会社に対する責任⑤
特別背任罪等

弁護士 「これまでは、民事上の損害賠償責任についてみてきましたが、刑罰を受ける場合があることはご存知ですか？」

取締役内定者 「刑法上の横領とか、背任ですか？」

弁護士 「会社の取締役については、会社法等において、特別な刑罰が規定されています。それについて、みていきましょう」

特別背任罪とは

取締役は、自己もしくは第三者の利益を図り、または株式会社に損害を加える目的で、その任務に背く行為をし、当該株式会社に財産上の損害を加えたとき、またはその未遂の場合は、10年以下の懲役もしくは1,000万円以下の罰金、あるいはその両方に処せられます（会社法960条1項3号、962条）。

株主・会社債権者等の会社をめぐる利害関係者が、不測の損害を被らないように、取締役等の民事責任に加え、一定の場合には刑事罰を課すことができるようにしたものです。

「自己もしくは第三者の利益を図」る目的とは、たとえば、取引の相手に実際より高い金額の請求書を発行させ、実際にかかった金額と請求書記載額との差額をリベートとして受け取ったり、友人の会社から通常より高い金額で商品を購入することにより会社に損害を加えた場合などをいいます。

　「株式会社に損害を加える目的」とは、会社の経営が立ち行かなくなるようにするために、会社の得意先との取引を理由もなく打ち切ったりするような場合等をいいます。

　特別背任を行なった取締役は、あわせて**民事上の任務懈怠責任（損害賠償責任）も負う**ことになります。

　一方、特別背任行為を行なった取締役以外の取締役も、他の取締役が特別背任行為等を行なっているか行なおうとしていることに気づいた場合は、それを阻止する義務を負っています。この義務に違反した場合は、任務懈怠責任を負うことになります。

会社の財産を危うくする罪

　取締役は、会社の利害関係者が不測の損害を被らないように、以下にあげる場合については、5年以下の懲役または500万円以下の罰金に処せられます（懲役刑と罰金刑を併科されることもあります。会社法963条）。

- 設立時取締役が、自己の引き受けた株式の払込み等について、裁判所等に対し、虚偽の申述を行ない、または事実を隠ぺいした場合
- 取締役が、募集株式の発行または新株予約権の対価として現物出資がなされる際の募集株式等の内容として定める事項について、裁判所や株主総会等に対し、虚偽の申述を行ない、または事実を隠ぺいした場合
- 取締役が、株式会社の計算において不正に株式を取得したこと、または法令等に反して剰余金の違法配当をしたこと、または株式会社の目的の範囲外において、投機取引のために株式会社の財産を処分した場合等

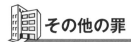 **その他の罪**

　ほかにも、取締役には以下にあげるような罪に問われる場合があります。

①虚偽文書行使等の罪（会社法964条）

　株式等を引き受ける者の募集をするにあたり、募集に関する文書等において、重要な事項について虚偽の記載のあるものを使った場合は、5年以下の懲役、もしくは500万円以下の罰金、またはその両方に処せられます。

②預け合いの罪（同法965条）

　取締役は、株式発行の際の払込みを仮装するために預け合いを行なった場合は、5年以下の懲役、もしくは500万円以下の罰金、またはその両方に処せられます。預け合いに応じた者も同様です。

③株式の超過発行の罪（同法966条）

　取締役が、会社が発行することができる株式の総数を超えて株式を発行したときは、5年以下の懲役、または500万円以下の罰金に処せられます。

④贈収賄罪（同法967条）

　取締役が、職務に関し収賄をしたときは、5年以下の懲役、または500万円以下の罰金に処せられます。利益を供与した者は、3年以下の懲役、または300万円以下の罰金に処せられます。

⑤株主等の権利の行使に関する贈収賄罪（同法968条）

⑥**株主の権利の行使に関する利益供与の罪**（同法970条）

⑦**業務停止命令違反の罪**（同法973条）

⑧**虚偽届出の罪**（同法974条）

⑨**過料に処すべき行為**（同法976条）
　登記を怠ったときや、公告・通知、開示等を怠ったときなどは、過料に処せられる可能性があります。

取締役の
第三者に対する責任とは

取締役内定者 「取締役は、義務違反をすると、会社に対し損害賠償責任を負ったり、刑罰を科される可能性があるのですね」

弁護士 「そうなんです。そして、第三者に対しても責任を負う場合があります」

取締役内定者 「ひゃー、まだあるんですか！」

 ## 第三者に対する損害賠償責任

取締役は、その職務を行なうについて、悪意・重過失による任務懈怠があったときは、これによって第三者に生じた損害を賠償する責任を負います（会社法429条1項）。

取締役は、当該行為をすることについて注意を怠らなかったことを証明しないかぎり、第三者に対し責任を負うのです（過失責任。同条2項）。

 ## 責任の範囲はどこまでか？

それでは、取締役は、第三者に対しどのような範囲で責任を負うのでしょうか。

①直接損害に対する責任

取締役が第三者に直接損害を与えた場合は、取締役の任務懈怠とこの損害との間に相当の因果関係が認められれば、第三者

に対する損害賠償責任を負うことになります。

　たとえば、会社が倒産しそうな時期に、取締役が第三者から返済見込みのない借入れをした場合などが考えられます。取締役のこのような行為は、民法上の不法行為（民法709条）にもあたりうる行為ですが、第三者が取締役の不法行為を立証するには、取締役が第三者に対する加害についての故意過失を立証することが必要で、この立証はかなり困難です。

　上記の会社法上の責任を追及するには、取締役の会社に対する任務懈怠についての悪意・重過失を立証すれば足りるため、不法行為責任追及に比べて立証が少し楽になるという点で、第三者の保護に厚い規定といえます。

②間接損害に対する責任

　それでは、取締役の悪意・重過失による任務懈怠から会社が損害を被り、その結果、第三者に損害（間接損害）が生じた場合は、第三者に対する責任を負うのでしょうか。

　この点について、判例や通説は、会社の利益侵害行為から会社の債権者が被る損害についても、取締役の責任を問いうるものとしています。

 株主に対しても責任を負うのか

　それでは、株主も上記「第三者」として会社法429条１項にもとづき損害賠償を請求できるのでしょうか。

　この点、株主は、会社に対して「株主代表訴訟」（次項参照）を提起することができるため、これにより会社の損害が填補されれば、別途、株主に対する責任を認める必要はないのではないかという見解もあります。

　もっとも、必ずしもすべての株主が株主代表訴訟を提起する

ことができるわけではないため、株主も取締役に対して直接責任追及できる（株主も上記「第三者」に含まれる）と考えます。

取締役会に上程されていない事項についての責任は？

　取締役は、他の取締役の行為が、法令または定款を遵守し、適法かつ適正になされていることを監視する義務を負います。

　もっとも、取締役会設置会社において、代表取締役でない平取締役が、取締役会に上程されていない事項についても上記監視義務を負うとすると、平取締役に酷とも思えます。取締役は、取締役会に上程されていない事項についても責任を負うのでしょうか。

　この点について、**取締役会に上程されていない事項であっても、責任を負いうる**とするのが判例です（最高裁／昭和46年5月22日判決）。

　取締役は、代表取締役を含む他の取締役に任せきりにせず、必要があれば取締役会を自ら招集するなどして、他の取締役の行為について監視しなければならないのです。損害賠償責任を問われるような事態が起こらないように、十分に気をつけてください。

株主代表訴訟について知っておこう

弁護士 「さて、前項で『株主代表訴訟』という言葉が出てきました。株主が取締役等の役員に対する責任を追及し、また、不正な行為を差し止めるために、株主代表訴訟や違法行為の差止請求訴訟があります。それぞれの手続きについて細かくみていきましょう」

取締役内定者 「お願いします！」

会社が取締役の責任を追及する場合は、監査役が会社を代表するのが原則なのですが、取締役と監査役とのなれ合いにより、うまく機能しない場合が考えられます。

そこで定められたのが、株主代表訴訟です。

「株主代表訴訟」とは

上記のとおり、株主は、監査役が取締役に対する責任追及をしないといけない場面において、監査役に対し、取締役に対し責任追及するよう提訴請求することができます。

この提訴請求から3か月以内に監査役が提訴しない場合は、株主自身が、取締役の責任追及の訴え（取締役が会社に対して損害賠償するよう請求する訴え）を提訴できることとなります。

株主がこの手続きにより取締役に追及できる責任は、法令または定款に違反した結果生じた、会社に対する損害賠償責任や会社に対する資本充実責任にとどまらず、**取締役が会社に対して負っているすべての債務**を追及することができます。

提訴することができる者（提訴権者）

　株主代表訴訟は、6か月前から引き続き株式を有する株主が提起できるのが原則です（会社法847条1項本文）。

　もっとも、この6か月の要件は、定款で短縮することができます（同項本文カッコ書）。ただし、非公開会社では6か月の要件は課されません（同条2項）。

　提訴は、1株しか保有していなくてもできるのが原則ですが、定款の定めにより単元未満株主の提訴権を排除することは可能です（同法847条1項本文、189条2項）。平成26年改正会社法では、一定の要件を満たす旧株主や完全親会社の株主（後述コラム参照）も提訴できるようになりました。

　旧株主が提訴するためには、以下の要件を満たす必要があります（会社法847条の2）。

● 株式交換・株式移転および三角合併（以下「株式交換等」。なお、三角合併とは、吸収合併後消滅会社の株主が吸収合併後存続会社の完全親会社株式の交付を受ける場合です）によって完全子会社となった株式会社について、完全子会社化される前に取締役等の責任となる事実が生じていること

● 株式交換等の効力発生日の時点で提訴請求できた当該株式会社の株主であること

● 株式交換等によって当該株式会社の株式を失った後も、その対価として取得した完全親会社の株式を保有していること

 ## 提訴できない場合がある

　濫訴を防止するため、株主は、株主もしくは第三者の不正な利益を図り、または当該会社に損害を加えることを目的とする場合には、会社に対し提訴請求できません（会社法847条1項

◎株主代表訴訟の手続きの流れ◎

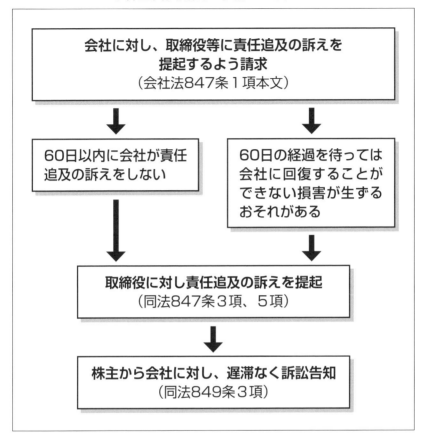

会社に対し、取締役等に責任追及の訴えを
提起するよう請求
（会社法847条1項本文）

↓

60日以内に会社が責任
追及の訴えをしない

60日の経過を待っては
会社に回復することが
できない損害が生ずる
おそれがある

↓

取締役に対し責任追及の訴えを提起
（同法847条3項、5項）

↓

株主から会社に対し、遅滞なく訴訟告知
（同法849条3項）

ただし書）。

 ## 手続きのしかた

　株主代表訴訟は、上図の手続きによって責任追及する必要が
あります。

 ## 訴えを提起しない理由の通知

　会社は、株主の提訴請求から60日以内に責任追及の訴えを提

起しない場合、株主または提訴請求の対象とされている取締役等から請求があれば、当該請求をした者に対し、遅滞なく、訴えを提起しない理由を書面その他法務省令で定める方法により通知しなければなりません（会社法847条4項、847条の2第7項、847条の3第8項）。

 ## 通知・公告の必要性と判決の効力

　会社は、責任追及等の訴えを提起したときは、遅滞なく、訴え提起について公告し、または株主に通知しなければなりません（会社法849条5項）。会社が代表訴訟の訴訟告知を受けた場合も同様です（同条項）。なお、上記判決の効力は、勝訴・敗訴ともに、会社に及びます（民事訴訟法115条1項2号）。

コラム

多重代表訴訟

　改正会社法（平成27年5月1日施行）においては、親会社の株主が、子会社の役員等の責任を追及する制度（多重代表訴訟）が導入されました（会社法847条の3）。その要件は以下のとおりです。
①完全親子会社関係にあること
②最上位の完全親会社等の議決権の100分の1以上または株式の100分の1以上の保有
③責任原因事実の発生日における最上位の完全親会社等が保有する（完全子会社を通じた間接保有を含む）株式の帳簿価額が、当該最上位の完全親会社等の総資産額の5分の1を超えること

違法行為差止請求とは何か

取締役内定者「他の取締役が、とても不審な動きをしていて、このままだと違法な行為をしそうな場合は、防止する手段はありますか？」

弁護士「はい。これまでは、損害賠償による責任追及という、会社の損害を事後的に救済する制度をみてきましたが、違法行為差止請求といって、事前にその違法行為を差し止めてしまう手続きがあります」

「違法行為差止請求」とは

取締役が、会社の目的の範囲外の行為その他法令もしくは定款に違反する行為をし、またはこれらの行為をするおそれがある場合で、かつ、当該行為によって会社に対し著しい損害（監査役設置会社、監査等委員会設置会社、指名委員会等設置会社において株主が請求する場合は、回復することができない損害）が生ずるおそれがあるときは、当該取締役に対し、当該行為をやめることを請求することができます。

監査役設置会社においては、これを監査役が行なうのが原則ですが（会社法385条1項）、会社がこれを怠る場合に備え、個々の株主がこの請求をできる場合もあります（同法360条）。

それぞれのケースで、要件も株主による場合も異なりますので、具体的にみていきましょう。

違法行為差止請求の要件

①監査役による場合

以下の2つの要件を満たす必要があります（会社法385条1項）。

- **取締役が監査役設置会社の目的の範囲外の行為その他法令もしくは定款に違反する行為をしていること、または、しようとしていること**

 法令または定款の具体的規定に違反する行為だけではなく、一般的な善管注意義務違反や忠実義務違反の行為も含まれます。

 また、客観的には会社の目的の範囲内の行為であっても、取締役の主観によれば目的の範囲外の行為である場合は、差止めの対象となります。たとえば、取締役が会社の事業資金として借入れをしようとしている外観はあるものの、実際には自己の家の建築費にあてるために会社名義で資金を借り入れる場合などです。

- **上記行為により会社に著しい損害が生じるおそれがあること**

②**株主による場合**

以下の要件をすべて満たす必要があります（同法360条1項）。

- **原　　則**

 ㋐取締役が監査役設置会社の目的の範囲外の行為その他法令もしくは定款に違反する行為をしていること、または、しようとしていること

 ㋑上記行為により会社に著しい損害が生じるおそれがあること

 ㋒6か月前から引き続き株式を有すること（ただし、定款

で短縮することは可能です）

● 非公開会社の場合

以下の2要件を満たす必要があります（同法360条2項）。

㋐取締役が監査役設置会社の目的の範囲外の行為その他法令もしくは定款に違反する行為をしていること、または、しようとしていること

㋑上記行為により会社に著しい損害が生じるおそれがあること

● 監査役設置会社、監査等委員会設置会社または指名委員会等設置会社の場合

以下の要件すべてを満たす必要があります（同法360条3項）。

㋐取締役が会社の目的の範囲外の行為その他法令もしくは定款に違反する行為をしていること、または、しようとしていること

㋑上記行為により会社に回復できない損害が生じるおそれがあること

著しい損害が発生する場合は、監査役または監査委員が差止請求権を行使できるため、株主は回復することができない損害が生じるおそれがあるときのみ請求できます。

㋒6か月前から引き続き株式を有すること（ただし、定款で短縮可能です）

判決の効力

勝訴・敗訴にかかわらず、判決の効力は会社に及びます（民事訴訟法115条1項2号）。

報酬をもらっていなくても、責任を負わされる!?

弁護士 「ここまでは、普通の会社の普通の取締役の責任についてみてきました。ところで、特に中小企業において、『取締役に名前だけ貸して』といわれて、取締役に名を連ねてしまう場合があることをご存知ですか?」

取締役内定者 「はい。先日、上場企業を定年退職した父が、友人に頼まれて、友人の会社の取締役になりました。報酬はほとんど出ないみたいですが…」

弁護士 「そのように安易に取締役に名を連ねること、いわゆる『名目的取締役』になることには、リスクが伴います」

「迷惑はかけないから、取締役に名前だけ貸してくれないか。報酬は払えない（または少ししか払えない）けど、会社にくる必要もないから」などと懇願されてしまうと、断われない気持ちもよくわかります。

ただし、取締役として登記される以上、当該取締役は、以下に説明するとおり責任を問われる可能性があるのです。

「名目的取締役」とは

創立総会または株主総会において、取締役として適法に選任され、就任を承諾しているものの、実際には取締役としての任務を遂行しなくてもよいという合意が会社とその取締役との間でなされている場合の取締役のことを、「**名目的取締役**」とい

います。

名目的取締役の会社に対する責任

　上記のような合意をしたからといっても、名目的取締役は会社に対する責任を問われる場合があります。

　会社と取締役との間の責任限定契約には限度があることは、前述のとおりですし（☞163ページ）、会社との間で、取締役としての責任を負わないという契約を締結したといっても、書面上残っていない場合などは、会社から責任追及された場合に、取締役が当該契約を締結したことを立証できず、責任を追及されてしまう可能性があるのです。

　たとえば、会社が買収され、代表取締役が交代した場合を考えてみてください。

　以前の代表者との間では、「絶対に迷惑をかけないから」といわれていたとしても、新しい体制においては、実際にそのような合意がなされていたのか、知る由もありません。

　また、体制が変わらない場合でも、代表者からとぼけられてしまったら、どのようにこの合意を立証すればよいのでしょうか。

名目的取締役の第三者に対する責任

①原　則

　名目的取締役であっても、原則として、通常の取締役と同様に、第三者に対する責任（会社法429条1項）を負います。

　判例でも、名目的に社外取締役になった者に対し、監視義務を認め、本条による責任を認めています（最高裁／昭和48年5月22日判決、最高裁／昭和55年3月18日判決）。

②責任の軽減や免除

　もっとも、上記のような就任経緯等からみて、名目的取締役に通常の取締役とまったく同様の責任を認めては、さすがに酷な場合も多くあります。

　一般論としては上記原則のとおりですが、下級審の裁判例では、個々の事案に則して、名目的取締役の責任を軽減したり否定するものも多くあります。

　たとえば、取締役会がまったく開催されず、取締役が会社業務にまったく関与しなかった場合で、報酬も一切受領していない場合に、免責した事例があります。

　また、取締役が監視義務を尽くしたとしても、ワンマン社長が聞き入れず、その効果は期待できなかったであろう場合に、当該取締役の不作為と第三者に生じた損害についての因果関係を否定して、免責した事例もあります。

　とはいえ、このような**責任の軽減や免責が認められるか否か**は、**裁判をしてみないとわからない**のですから、**原則として責任が問われるものと考え、安易に名目的取締役にはならないことが大事**です。

6-14 取締役ではないのに責任を負う場合がある!?

取締役内定者「名目的取締役って、こわいですねー。報酬もろくにもらっていないのに、責任だけ取らされる可能性があるなんて、割りに合わなすぎです」

弁護士「そのとおりですね。名目的取締役に似た概念として、『事実上の取締役』というのもあるんですが、これも十分に注意しなければなりません」

　名目的取締役とは異なり、株主総会の決議等の正式な選任の手続きがなされていない（したがって、会社法上の取締役ではない）にもかかわらず、事実上、会社の取締役であるなどとして、責任を問われることがあります。

　正式な選任の手続きがなされていないのに責任を負う場合は、「登記簿上の取締役」と「事実上の取締役」の2つのパターンが考えられます。

「登記簿上の取締役」とは

　取締役ではないにもかかわらず、取締役として登記されている者のことを、「**登記簿上の取締役**」といいます。

　登記簿上の取締役には、選任決議がないにも関わらず取締役として登記された者と、退任したにも関わらず退任登記がいまだなされていない辞任取締役がおり、以下のような責任を負うことがあります。

①選任決議がない登記簿上の取締役の責任

　登記簿上の取締役が、取締役の就任登記に承諾を与えた場合は、取締役として就任の登記をされた同人に故意または過失があれば、実際は取締役ではないことを、これを知らない第三者に主張できません（会社法908条2項類推適用。最高裁／昭和47年6月15日判決）。

　このような登記簿上の取締役は、取締役でないことを知らない第三者に対し、取締役としての責任を免れません。

②退任登記未了の辞任取締役の責任

　判例では、原則として辞任取締役は第三者に対する責任（同法429条1項）を負わないとしつつも、①辞任後も積極的に取締役として対外的・内部的な行為をあえてしたか、②不実の登記を残存させることにつき登記申請者に明示的な承諾を与えていた等の場合は、第三者に対する責任が認められるとしています（同法908条2項類推適用。最高裁／昭和62年4月16日判決）。

「事実上の取締役」とは

　取締役として選任されていないにもかかわらず、事実上、取締役として積極的に会社を主宰している者を「**事実上の取締役**」といいます。事実上の取締役は、取締役の就任登記もありませんが、一定の場合に責任を問われる可能性があります。

　たとえば、裁判例のなかには、登記簿上の取締役ではなくても、対外的にも対内的にも会社の経営に関する決定権を有していた実質的経営者に対し、会社法429条1項の類推適用により、取締役の責任を認めた事例があります（東京地裁／平成2年9月3日判決）。

7章

取締役なら理解しておきたい
契約の知識

契約の基礎知識に
ついて意外と知ら
ないことも多いよ
うです。

そもそも「契約」とは
どういうことか？

取締役内定者 「取締役になったら、取引先との重要な契約をするかどうか決めたりするんでしょうね。不安だなぁ…」

弁護士 「取締役の役職にある方でも、契約に関する知識については、誤って理解されている方が多く見受けられます。ここで、契約の基礎知識について、少しおさらいしておきましょう」

日常におけるさまざまな契約

契約というと、契約の当事者双方が契約書に署名して押印するイメージをもたれているかもしれません。

もっとも実際には、私たちは、日常的にさまざまな契約を締結しています。多くの方にとっては、一日一度も契約をしないということが珍しいといえるでしょう。

たとえば、コンビニで飲み物を買います。レジに品物を置いて、お金を払う時点で、売買契約が成立します。電車に乗るとき、切符を買って改札をくぐったら、鉄道会社との間で運送契約が成立します。

したがって、契約は、**書面がなくても意思の合致（合意）があれば成立しうる**のです（まれに、書面がないと効力が認められない契約もありますが）。この点は、盲点となりえますので、言動には十分に気をつけてください。

契約の内容は自由

　契約は、上記のとおり当事者の合意により成立しますが、その内容は、原則として当事者が自由に決めることができます。契約をすることも、契約の内容も、契約の形式も、自由に決めることができるのです。

　もっとも、公序良俗に違反する契約は無効です（民法90条）。愛人契約や賭博などが、よくいわれる具体例です。そのほか、強行法規に違反する契約や、当事者に契約を締結する当事者能力（行為能力、意思能力）がない場合も、無効となります。

 契約を締結する意味

　有効な契約を締結すると、当事者には、**権利義務が発生**します。

　たとえば、売主Aが買主Bに3,000円で本を売った場合、売主Aは、買主Bに本を引き渡す義務を負い、3,000円の支払いを請求する権利を得ます。

　売買契約のように、双方に義務が発生する契約を「双務契約」、贈与契約のように片方にのみ義務が発生する契約を「片務契約」といいます。

　そして、契約が成立すると、権利者は、契約上の義務を履行しない当事者に対し、当該義務を履行するよう請求することができるようになるのです。任意に履行してもらえなければ、裁判に訴えることも可能です。

 典型契約と非典型契約

　さて、契約には、一般的な契約であるとして民法上定められている**典型契約**と、それ以外の**非典型契約**があります。

典型契約として定められているのは、「贈与」「売買」「交換」「消費貸借」「使用貸借」「賃貸借」「雇用」「請負」「委任」「寄託」「組合」「終身定期金」「和解契約」の13の契約形態です。

　ありふれた契約であるために、それぞれの原則的な権利義務関係等が法律で定められており、当事者間で定めがない部分や、強行法規（これに反する合意をしても、無効となる）に違反する契約内容については、民法やその他の法規が適用されるのです。

　契約によっては、民法のみならず、他の法律により詳細な規定があることもありますので、法律に違反しないように、締結しようとする契約が、**法律上定められている契約に該当するか、該当するとして当該規定に違反しないか、該当するとして契約内容にモレがある場合、法律でカバーできるか**等検討してから合意することはとても重要です。

　なお、どの契約に該当するかについては、その契約の名称によって決まるのではなく、契約の内容の実質にしたがって検討する必要があります。

　たとえば、契約書に「営業委託契約書」と記載があっても、実際は賃貸借契約であったり、「業務委託契約書」となっていても、実際は請負契約であったりすることは、よくある話です。

7-2

契約は必ず書面に残そう！

取締役内定者 「なるほど、契約って、身近にもたくさんあるんですね。契約すると権利義務を負うこともわかりました。やはり、大きな契約については、慎重に検討しなければなりませんよね」

弁護士 「そのとおりです。大きな契約については、ふだん以上に、どのような契約に該当するのか、内容に法律違反はないか、よく検討しなければなりません。さらに、契約は書面に残すことが特に大事なのです。どれだけ大事かみていきましょう」

契約はいつ成立するのか

契約に関する知識の前提として、契約は、いつ成立するのでしょうか。

契約の成立について細かくみていくと、**契約の「申込み」と「承諾」があることが必要**となります。

たとえば、先ほどの例でいえば、コンビニに行って、飲み物を手にとり、レジに出します。これが契約の「申込み」です。店員が、レジを打ち、代金を支払うように促します。これが「承諾」といっていいでしょう。

契約の成立により、コンビニ側には、代金を支払うよう請求する権利が、買主側には、飲み物を引き渡すよう請求する権利が発生しました。

口頭による契約の危険性

　さて、上記のように、契約は口頭でも成立してしまうわけですが、大事な契約を口頭で締結した場合、相手方が義務を履行してくれないときに、契約が成立したことを示すものが残っていないと、**義務の履行を請求しても認められないリスク**を負わなければならなくなる可能性があります。

　たとえば、ホームページ制作を100万円で請け負い、納品後に注文主から100万円を支払ってもらうことになっていたとします。

　この合意は、すべて口頭によるものでした。しかし、ホームページを納品したのに、注文者はまったく代金を支払ってくれません。そのような契約を締結した覚えはないし、代金を支払う義務もないと言われたとします。

　そのまま任意に支払ってくれない場合は、訴訟を提起して請求することになると思いますが、民事訴訟において、**裁判所は特に書面を重視**します。

　そして、契約の成立やその内容ついては、請求する側が立証しなければなりません。口頭で契約が成立したことを状況証拠だけで主張・立証することは、非常に困難です。

　契約の有無、契約の内容（代金額、期間、解除事由等）について後日争いにならないようにするためにも、必ず書面のやりとりをするように心がけてください。

書面はどのように残したらよいか

　とはいっても、毎回、契約書を締結するのは、相手方との関係から困難なこともあります。

　もちろん、契約書を締結できるのが望ましいのですが、その

◎契約を文書に残す方法のいろいろ◎

❶ 毎回、契約書を締結する（覚書や念書による場合も）

❷ 基本合意内容について契約書を締結し、個別には注文書・請書により対応

❸ 注文書・請書により対応

❹ ＥメールやｆＡＸ文書により、合意をしたことがわかるようにやりとりする

❺ 一方的な差し入れ文書を出す（念書等）

❻ お金や品物のやりとりについては、領収書や納品書を作成する

　他の方法でも、書面に残すことは可能です。文書に残す方法にはいろいろありますから、上図を参考に、ぜひ書面に残す工夫をするようにしてください。

　注文書や請書にかなり具体的な記載をしていれば、契約書に近い効果を得ることができます。

　また、契約書の締結はハードルが高いとしても、Ｅメールのやりとりは苦でないこともあると思います。

　契約する相手方との関係が良好であるとしても、ぜひ書面でのやりとりをするようにしましょう。

　なお、契約によっては、書面を残さないと、無効になってしまうものもあります。たとえば、訪問販売や土木工事等では必ず書面での締結が必要です。

　契約によっては、契約書に記載すべき内容まで、法律で定められている場合もありますので、よく確認してください。

押さえておきたい契約書のポイント

取締役内定者 「契約書の大切さはよくわかりました。だから、うちの法務部門がしょっちゅう、営業に対して、契約書を書き換えないようにとか、チェックがないまま契約を締結しないように言ってくるわけですね」

弁護士 「はい。さらっと相手方に有利な契約書を締結してしまうと、後が大変ですからね。口頭で言っていたことと、契約書に記載していることの内容が異なると、裁判所はほとんど契約書に記載してあるほうが正しいことを前提とします。どのような契約内容になっているのか、理解しないで契約を締結するのは危険なのです。そこで、契約書にはどのようなことを規定すべきか、基本的なところをみていきましょう」

契約書の形式

契約書は、以下のような形式を整えて作成する必要があります。

①標　題

契約書には、「〜契約書」「覚書」「確認書」等、さまざまな標題が付されています。

一般的に、契約を締結するときには「〜契約書」という標題を、契約締結の前段階として当事者間で何らかの合意をする場

合や、契約書に記載されたものの一部を改定する場合等、簡単な合意をする場合には「覚書」という標題を付けることが多いといえますが、決まりはありません。

契約書の標題には、できれば契約の実態に合わせた契約書名を付すことが望ましいといえますが、仮に実態と異なる標題が付いていても、どの契約に該当するかは実態に即して判断されます。

②印紙の貼付

契約書によっては、印紙が必要になる場合があります。印紙が必要な場合、多くは標題の横に貼付します。印紙税額は、国税庁のホームページに掲載された表で確認するのがわかりやすいと思います。もっとも、複雑な契約書の場合は、ぜひ専門家のアドバイスを受けてください。

③前　文

標題の下に、当事者がこの契約書において何について合意するのか、簡単な前文を入れることがよくあります。

たとえば、「○○株式会社と△△株式会社は、次のとおり、□□商品について売買契約を締結する」といった前文です。

④本　文

契約の具体的内容を記載します。

⑤末　文

以上について合意したこと、契約書を当事者の人数分作成し、それぞれ保有することを記載します。

たとえば、「本契約の成立を証するため、本書2通を作成し、

甲乙が署名押印のうえ、各1通を保有する」といった末文です。

⑥日　付

時効の起算点ともなり得る大事な項目のひとつです。契約の日時は必ず記載するようにしましょう。

⑦署名押印

署名（記名）押印は契約の成立要件ではありませんが、忘れずに行なってください。後日、争いが生じた場合に、署名押印があるのとないのとでは、あるほうが契約締結の信ぴょう性が高くなります。当事者を特定するためには、住所も記載すべきです。

契約書の内容

契約形態にもよりますが、一般的に契約書から外せない内容は、以下のとおりです。

①当事者

誰と誰との間の契約であるか、明確にする必要があります。

②契約の種類

契約の種類について、たとえば売買契約か、賃貸借契約なのか、条文を設けて定める必要があります。何について合意するかの根幹の部分ですので、非常に重要です。特に、非典型契約の場合は、契約内容を明確にして記載する必要があります。

③契約の目的物

売買契約であれば売買の目的物、請負契約であれば対象業務

等を明記します。

④期　間

　特に、継続的な契約については、契約が有効な期間を記載しておきます。

⑤対価および支払方法

　対価についての金額、支払方法（支払期日、振込みか持参か、支払場所等）を記載します。

⑥条　件

　契約の解除や解約の条件や、その他条件等について、契約書に明記しておきます。

⑦その他

　以下のことについて合意する場合は、契約書に記載するようにしましょう。
- 所有権の移転時期
- 期限の利益の喪失条項
- 秘密保持条項
- 裁判管轄条項

　前述のように、契約の内容によっては、法律により規定しなければならない事項が定められていたり、重要なポイントがあることがあります。

　ある程度の規模の契約を締結する場合は、一度は法律の専門家に契約書のレビューをしてもらうことをお勧めします。

7-4

契約の無効、取消、解除に関する必須知識

取締役内定者 「先ほど、契約の無効となる場面を少し紹介していただきましたが、せっかく契約を締結したのに、契約の効力が認められない場合って、どのようなときがあるのですか？」

弁護士 「では、代表的なものをまとめておきましょう」

 契約が無効となる場合

以下にあげる場合には、その契約は無効となります。

①**公序良俗違反**（民法90条）

②**強行法規違反**

③**当事者能力の欠如**

制限行為能力者による契約や、無権代理人（代理権を有していない代理人のこと）との契約などがあげられます。

④**実現不可能な内容の場合**

⑤**心裡留保**（同法93条）

一方が本心ではない意思表示をした場合、他方がそれを知って契約をした場合は、当該契約は無効になります。

⑥**虚偽表示**（同法94条１項）

双方が、そのような契約を締結する意思はないのに、虚偽の外観をつくる目的で（たとえば、債権者からの差押えを逃れる目的で、不動産を売却したように装って、不動産の名義

を一時的に他人名義にすることなど）契約を締結した場合、当該契約は無効となります。

　もっとも、虚偽の外観であることについて知らない第三者との間では、当該契約は有効として扱われてしまいます。

⑦**錯誤**（同法95条）

　契約を締結したが、重大な勘違いにより締結した場合は、その勘違いをしたことについて重過失がなければ、契約は無効となります。

 ## 契約が取り消される場合

　以下にあげる場合には、その契約は取り消されます。

①**詐欺**（民法96条1項）

　相手方の詐欺によりだまされて、契約を締結してしまった場合は、当該契約を取り消すことができます。

　もっとも、これを知らない第三者との間では、当該契約は有効として扱われてしまいます（同条3項）。

　また、第三者の詐欺により契約を締結した場合は、相手方がこれを知っていたときのみ、契約を取り消すことが可能です（同条2項）。

②**脅迫**

 ## 契約が解除されて契約の巻き戻しが行なわれる場合

　上記にあげたような事由がなくても、後発的事情により、契約を解除して、契約を巻き戻す（元からなかった状態にする）ことになる場合があります。

　たとえば、相手方に契約違反があった場合、債務不履行として契約を解除することができます（民法541条～543条）。

また、その他契約の内容として、解除できる場面を定めている場合は、その条項にしたがって契約を解除できる場合もあります。

　契約の解除は、他方に対する意思表示によってすることができ、この意思表示は撤回できません（同法540条）。

　契約の解除がなされると、各当事者は、原状に回復するための義務を負います。物を受け取っている場合は、相手方に返し、金銭を受け取っている場合は、利息を付して返します。

　ただし、継続的な契約である賃貸借契約の解除の場合は、その解除は将来に向かって効力を生じます（同法620条）。

　なお、解除したからといって、債務不履行をした相手方に対する損害賠償請求権がなくなってしまうわけではありません（同法545条3項）。

8章

取締役なら知っておきたい
法律の知識

労働法や民法など知って
おいたほうがよい法律は
いろいろありますね。

8-1

労働法について知っておこう

取締役内定者 「取締役になったら、労働法についても勉強しなければならないと思います。長年、従業員として働いてきて、上に立つ者は、労働環境についても気を配らなければならないと考えているからです」

弁護士 「さすがですね。労働関連の法律については、かなり詳しく知っておく必要があるでしょう。従業員との関係を良好に保つためにも、会社を機動的に動かすためにも、とても重要です。それに加えて、会社のリスクを知るうえでも大切な規定です。従業員との間でいったん労働条件を決めてしまうと、従業員にとって不利益になる変更はなかなかできなくなりますし、仕事ができない労働者がいてもなかなか辞めさせることもできません」

労働法とは

　労働法という法律はなく、労働に関する法律を総称して労働法といいますが、具体的には、以下にあげる法律があります。

　どのような法律があるかだけでも思い出せると、問題が生じたとき、あるいは、問題を未然に防がなければならないときに、役に立つと思います。特に、上場を考えている会社は、労働法違反がないように、十分に注意する必要があります。

①労働基準法　　②労働組合法　　③労働関係調整法

④労働契約法　　⑤労働安全衛生法

⑥雇用の分野における男女の均等な機会及び待遇の確保等に関する法律（男女雇用機会均等法）

⑦育児休業、介護休業等育児又は家族介護を行う労働者の福祉に関する法律（育児・介護休業法）

⑧労働者派遣事業の適正な運営の確保及び派遣労働者の就業条件の整備等に関する法律（労働者派遣法）

⑨短時間労働者の雇用管理の改善等に関する法律（パートタイム労働法）

⑩職業安定法　　⑪最低賃金法　　⑫雇用保険法

⑬労働者災害補償保険法　　⑭労働審判法

（※）　2019年4月1日に「働き方改革を推進するための関係法律の整備に関する法律」（働き方改革関連法）が施行されました（中小企業については段階的に適用）。これにより、時間外労働の上限規制、年次有給休暇の取得義務化、同一労働・同一賃金等、実務に大きく影響を及ぼす規制が加わりましたので、ご注意ください。

労働時間に関する主な規定

　労働時間（**法定労働時間**。休憩時間は含みません）は、**1日8時間以内、1週間40時間以内**でなければなりません（労働基準法32条）。

　もっとも、業務上、どうしてもこの時間より働いてもらわなければならない場合も生じます。

　残業をさせることが認められるのは、以下の方法により労使間で**三六協定**（さぶろく）を締結し、労働基準監督署に届出をした場合だけですので、気をつけてください。

◎「三六協定」締結の条件（労働基準法36条）◎

- 会社に従業員の過半数で構成された労働組合がある場合は、当該労働組合との間で締結

または

- 上記労働組合がない場合は、労働者の過半数の代表者との間で締結

　なお、いわゆる**残業代の計算方法**について、大まかな内容は、以下のとおりです。もっとも、具体的な計算については、細かな規定もありますので、専門家（弁護士や社会保険労務士）によく相談していただくことをお勧めします。

◎時間外労働に対する割増賃金◎

- **法定労働時間を超えた場合**
    月60時間まで…………通常賃金の1.25倍以上
    月60時間を超える場合…通常賃金の1.5倍以上

- **休日労働（法定休日に労働させた場合）**
    通常賃金の1.35倍以上

- **深夜業（午後10時から午前5時に労働させる場合）**
    通常賃金の1.25倍以上

※なお、上記条件の2つ以上に該当する場合は、割増率を合計します。たとえば、午後10時以降に法定労働時間を超える労働をした場合（月の残業時間は60時間以内）は、通常賃金の1.5倍以上となります。

就業規則の重要性

　多数の従業員を管理するには、画一的なルールを定めることが必要となります。

　会社と従業員との間の画一的な契約事項が、**就業規則**です。**常時10人以上の従業員を雇用する場合**は、必ず以下の事項を定めて作成し、労働基準監督署に届け出なければなりません（労働基準法89条）。

◎就業規則において定める事項（一部）◎

❶ 始業および終業の時刻、休憩時間、休日、休暇等

❷ 賃金（臨時の賃金等を除く）の決定、計算および支払いの方法、賃金の締切りおよび支払いの時期ならびに昇給に関する事項

❸ 退職に関する事項（解雇の事由を含む）

❹ 退職手当の定めをする場合、退職手当に関する事項

❺ 賞与や最低賃金額の定めをする場合においては、これに関する事項

❻ 表彰および制裁の定めをする場合においては、その種類および程度に関する事項

（※）すべての事項については労働基準法89条参照。

　就業規則がある場合、この就業規則の基準に達しない労働条件を定める労働契約は、その部分については無効となり、無効となった部分は、就業規則に定めるところによるものとなります（労働契約法12条）。

　また、会社が就業規則に違反した場合は、罰則を科せられる

場合もあります（労働基準法24条等）。

　このように、就業規則については、従業員のみならず会社に対しても義務を課している点をよく理解してください。就業規則の変更も、簡単にはできません（労働契約法10条）。

懲戒および解雇に関する注意点

　従業員が問題行動をした場合は、懲戒や解雇の対象になりえます。取締役としては、懲戒や解雇の運用については、十分に注意が必要です。

①懲戒処分

　懲戒には、「戒告」「減給」「出勤停止」など、会社によってさまざまな種類の懲戒処分を規定しているのが通常です。

　懲戒処分をするためには、まず、就業規則等の会社と従業員との間の合意内容において、**懲戒処分に関する規定が定められていること**が必要です。

　さらに、従業員の行為と懲戒処分の内容とのバランスから、**客観的に合理的な理由**があり、**社会通念上相当なもの**でなければなりません。

　この点からも、就業規則が非常に重要な役割を有していることがわかっていただけると思います。最初の規定のしかたによっては、懲戒処分ができない場合も生じてしまうのです。

②解　雇

　解雇についても、同様です。解雇には、「普通解雇」と「懲戒解雇」があり、懲戒解雇は、懲戒処分のひとつですから、ここでは普通解雇についてみていきます。

　普通解雇が認められるためには、まず、その理由が法律上の

解雇禁止事由（国籍、信条、社会的身分、婚姻、妊娠、不当労働行為等）にあたらず、**就業規則等に解雇事由についての定めがある**ことが必要です。

　そして、客観的に合理的な理由を欠き、社会通念上相当であると認められない場合は、その権利を濫用したものとして、無効となりますので（労働契約法16条）、これらの要件を満たさなければなりません。

　手続きとしては、まず、解雇の30日前までに、解雇予告をするか、それに代えて同日分の給与を支払う必要があります（解雇の30日前より後に解雇予告をした場合は、30日から解雇までの日数を差し引いた日数分の給与相当額を支払います）。

　解雇は、後日無効になってしまうと、会社は従業員に対し解雇日からの給与相当額等、かなりの金額を支払わなければならないことになります。解雇をするためには、従業員との合意内容（就業規則を含む）や従業員の行為の内容、証拠等をよく精査し、専門家に相談のうえ、合意退職の余地はないかなど、よく検討してください。

　なお、普通解雇をする場合の主な注意点をまとめておくと、次のとおりです。

- 法律上の解雇禁止事由に該当しないか
- 就業規則等の規定（規定された解雇事由の該当性確認）
- 解雇をすることに客観的に合理的な理由があるか
- 解雇が社会通念上相当といえるか
- 解雇予告
- 合意退職の余地（できるだけ解雇は避けて合意退職してもらうと、後日争われる可能性が低くなります）

8-2

民法に規定する
「契約の主体」「代理制度」とは

弁護士 「7章で契約について少しみてきましたが、法人の契約って、どのようにするかご存知ですか?」

取締役内定者 「うちの会社の契約書を見たことがあります。たしか、会社の欄には、会社の住所、会社名、代表取締役の氏名が記載されていて、会社の代表印が押されていました」

弁護士 「この場合、こちらの契約の当事者は誰になると思いますか?」

取締役内定者 「会社ですよね? でも、あれっ、代表取締役の名前も記載されていたし、代表取締役ですか?」

契約の主体となるのは誰か

　法人は、私たち自然人とは異なり、実体はありませんので、契約の当事者としてのイメージがつきにくいかと思います。ところが、上記の場合、契約の当事者は法人です。

　そこで、契約の主体について少しみていきましょう。

　契約の主体となるには、まず、**権利能力を有している**ことが必要です。**権利能力**とは、「意思能力」と「行為能力」からなっています。法人も、民法34条により権利能力を認められています。

　意思能力とは、行為の意味や内容を理解・判断できる能力のことをいいます。たとえば、10歳未満くらいの子供や、重い精

神病を患っている者などは、意思能力がない場合が多いといえます。

　行為能力とは、単独で、有効に法律行為を行なうことができる能力のことをいいます。この点については、**制限行為能力者**（行為能力に制限があることを法律上定められている者のこと）に該当するか否かで判断されます。

【制限行為能力者に関する法律上の規定】
- **未成年者**………満18歳未満の者（令和４年４月１日施行）。未婚の場合、一部行為を除いては、法律行為に法定代理人の同意を要します。
- **被補助人**………補助開始の審判を受けた者は、当該審判で定めた特定の法律行為については、補助人の同意が必要です。
- **被保佐人**………保佐開始の審判を受けた者は、一定の法律行為については、保佐人の同意が必要です。
- **成年被後見人**…成年後見開始の審判を受けた者は、日常品の購入等の日常生活に関する行為を除き、法律行為を行なうことができません。

代理制度とは

　代理制度とは、本人が第三者に代理権を与え、当該第三者が本人に代わって法律行為を行なった場合、当該法律行為の効果が本人に発生する制度のことです。

　代理には、「**任意代理**」と「**法定代理**」がありますが、任意代理は、本人が代理人に対し代理権を授与するもので、法定代理は、そのような委任がなくても、法律の定めにより代理人が

代理権を有する場合（未成年者の親権者等）のことをいいます。

◎代理関係とは◎

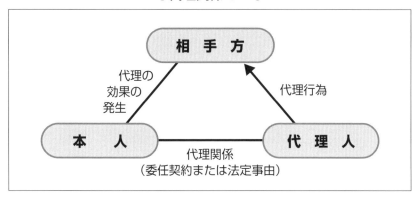

　代理権を有しない者が、代理人であるとして契約を締結してしまった場合、本人の追認がないかぎり、本人に対して効力は発生しません（民法113条1項）。

　本人が代理権を与えたものの、代理人が与えた権限の範囲外の行為をしてしまった場合、相手方が代理人の権限があると信ずべき正当な理由があるときは、当該行為の効果が本人に生じます（同法110条）。

　代理権を与えていないのに、本人が相手方に対し代理権を与えたかのような表示をした場合も同様です（同法109条）。

保証契約の締結と注意点

取締役内定者「よく、会社が金融機関からお金を借りるときに、代表取締役が連帯保証しますよね。平取締役も連帯保証することはあるのですか？」

弁護士「実際には、そのようなことはあまりないでしょう。今後は、さらにそのような場合はなくなっていくと思いますよ」

保証契約とは

　保証契約は、主たる債務者（主債務者）の債権者に対する債務を保証する（たとえば、主債務者が代金支払債務を支払わない場合は、その代わりに債務を支払う）というものですが、「単なる保証」と「連帯保証」の２種類があります。

　なお、保証契約は、**書面にて締結**しなければなりません（民法446条２項）。

①保　証

　単なる保証の場合、保証人は、ただちに債権者からの請求には応じる必要はなく、以下の権利をもっています。

- **催告の抗弁権**…まずは主債務者に請求するよう主張できます。
- **検索の抗弁権**…主債務者に財産があることを証明し、ま

ずは主債務者の財産から回収するよう主
張できます。

● **分別の利益**……保証人が複数いる場合は、各保証人は、
同じ割合でしか責任を負う必要はありま
せん。

②連帯保証

連帯保証の場合は、主債務者と連帯して債務を履行しなければなりませんので、上記３つの抗弁権等はありません。

すなわち、連帯保証人は、主たる債務者が債務の履行を遅延した場合には、主たる債務者に財産があってもなくても、債権者の請求に応じなければなりません。また、連帯保証人が複数いる場合であっても、各人が主たる債務の全額の請求に応じなければなりません。

根保証とは

保証は、通常は保証金額は決まっていますが、保証金額が決まっていない保証のことを、「**根保証**」といいます。

債権者にとっては、継続的な取引を行なう場合に有用な契約ではありますが、保証人としては、かなり重い負担を負うことになります。そこで、根保証契約をするには、以下の要件を満たす必要があります。

【**根保証契約の要件**】
● **極度額を定めること**
● **保証人は、元本確定期日までに発生した債務にかぎり負担すること**

なお、「元本確定期日」とは、以下のとおりです。

【元本確定期日】

原 則 民法465条の3
- 根保証契約締結日から5年以内の当事者間で合意した日
  または
- 合意していない場合は契約締結時から3年後の日

例 外 民法465条の4 （上記期日より前に以下の事由が生じた日）
- 債権者が、主債務者または保証人の財産について、強制執行または担保権の実行を申し立て、その実行の手続きの開始があったとき
- 主債務者または保証人が破産手続き開始の決定を受けたとき
- 主債務者または保証人が死亡したとき

保証に関する制限

　会社の債務について、第三者に保証をさせることは、以前ではそれほど珍しくありませんでした。しかし、この保証契約により、多くの人が会社の道連れになって破産し、その個人の経済的な再生は困難な状況となりました。

　そこで、近年、個人事業や会社の債務に関する保証は、大幅に制限される方向にあります。

　まず、日本商工会議所と一般社団法人全国銀行協会を事務局とする「経営者保証に関するガイドライン研究会」が公表した**経営者保証に関するガイドライン**が、平成26年2月に施行されました。主な内容については、以下のとおりです。

①法人と個人が明確に分離されている場合などに、経営者

の個人保証を求めないこと

②多額の個人保証を行なっていても、早期に事業再生や廃業を決断した際に一定の生活費等（従来の自由財産99万円に加え、年齢等に応じて100万～360万円）を残すことや、「華美でない」自宅に住み続けられることなどを検討すること

③保証債務の履行時に返済しきれない債務残額は原則として免除すること

（※）第三者保証人についても、②、③については経営者本人と同様の取扱いとなります。

さらに、今後予定されている民法改正においても、保証に関しては、保証契約を制限したり、保証人保護のための規定が増える予定です。

 ## 保証人の求償権

保証人が主たる債務者に肩代わりして債務を弁済した場合、保証人は、主たる債務者に対してその負担の償還を求めることができ、これを保証人の**求償権**といいます。

求償できる範囲や方法は、保証人となった経緯等によって異なります（民法459条～465条）。

債務不履行と債権回収についての知識

弁護士 「契約を締結しても、相手方が契約を履行してくれないことがありますよね。契約を締結する際には、そのリスクをよく勘案する必要があります」

取締役内定者 「そうですよね。契約書の内容に気をつけるにしても、実際に相手方が契約を履行してくれなかったら、どのようにすればいいのでしょうか？」

債務不履行への対処のしかた

相手方が契約にもとづき負っている債務を履行してくれないとき、債権者側としては、大まかに以下のことを行なうことが可能です。

①履行の請求

任意に履行するよう請求することができるほか、裁判所を通じて強制的に履行を求めることも可能です。

②解　除

相当の期間を定めて履行をするよう催告し、その期間内に履行がないときは契約を解除することが可能です（民法541条）。

また、履行不能となったときは、催告せずに、解除をすることができます（同法543条）。

解除によって、契約は初めからなかったことになりますので、

たとえば、片方が一部代金を支払っていた場合は、もう一方はその代金を返金しなければなりません（原状回復義務。同法545条）。

　もっとも、前述のように、一部の継続的契約の解除は、将来に向かって効力を生じます（賃貸借契約について、同法620条）。

③損害賠償請求

　相手方が債務不履行をしている場合で、相手方に帰責事由がある場合は、相手方に対し損害賠償請求をすることができます（同法415条）。

　この損害賠償請求は、上記①や②とあわせて行なうことも可能です。

債権回収の際の注意点

　さて、契約に従って金銭の支払いを請求する場合、あるいは損害賠償を請求する場合、相手方からの債権回収を考えなければなりません。このことを踏まえ、契約締結時も契約期間中も、債務不履行があったときも、以下のような注意が必要です。

①契約締結時に注意すること

- 相手方の信用力について、会社の規模等、確認してください。特に、大きな契約の場合は、調査会社等を利用して調査することもあります。
- 契約内容をよく確認してください。債務不履行があった場合に、解除しやすい規定があるか、損害賠償について、場合によっては賠償額の予定をすることもあります。期限の利益を喪失させる条項があるか否かも重要です。

②契約期間中に注意すること

- 相手方の様子や評判等に、常に気を配る必要があります。債務不履行を防止する必要がありますし、債務不履行があった場合には、すばやく動くことができるようにするためです。

③相手方の債務不履行後に注意すること

- 早急な対応が必要です。履行が遅滞になっている場合は、すぐに催告書を送付します。
- 相手方の財産の所在がわかる場合は、民事保全手続きにより、仮差押えや処分禁止の仮処分の申立てをして、財産を移動されないようにすることを考えます。
- 支払ってくれる可能性が高そうであれば、期日を延期したり、分割による回収を考えます。
- 保証人や担保権を設定している場合は、これらからの回収も検討します。
- 任意に履行してくれない場合は、調停や訴訟の提起をすることも検討します。判決や、判決と同等の効力をもつ調停調書等があれば、相手方の財産に対し強制執行することが可能になります。
- 時効に注意しなければなりません。企業の商行為による債権は、通常は5年の消滅時効にかかります。もっとも、売掛債権は2年など、事案に応じて法定の消滅時効が異なっています（ただし、民法の消滅時効の規定は、次の民法改正時に改正される可能性があると思われます）。時期や事案に応じても消滅時効の期間は異なりますので、よく確認して、債権が時効消滅しないように気をつけてください。

特定商取引法について知っておこう

弁護士「特定商取引に関する法律（通称：特定商取引法）ってご存じですか？」

取締役内定者「いや、聞いたことないですね。どんな法律なんですか？」

弁護士「一般消費者を相手にしているビジネスをされている会社にとって、とても大事な法律です。見落とさないように気をつけてください」

特定商取引法の対象となる取引類型

特定商取引法が規制しているのは、以下にあげる取引です。

①訪問販売

事業者が一般消費者の自宅等、自己の事業者以外の場所へ訪問して、商品、権利の販売または役務（「えきむ」と読み、いわゆるサービスを意味します）の提供を行なう取引で、キャッチセールス、アポイントメントセールス等がこれに該当します。

②通信販売

新聞、雑誌、インターネット等で広告し、郵便、電話等の通信手段により申込みを受ける取引のことです。「インターネット・オークション」も含みますが、「電話勧誘販売」に該当するものは除きます。

③電話勧誘販売

電話で勧誘し、申込みを受ける取引のことです。電話をいったん切った後、消費者が郵便や電話等によって申込みを行なう場合にも該当します。

④連鎖販売取引

個人を販売員として勧誘し、さらに次の販売員を勧誘させるというかたちで、販売組織を連鎖的に拡大して行なう商品・役務の取引のことです。

⑤特定継続的役務提供

長期・継続的な役務の提供と、これに対する高額の対価を約する取引のことです。現在、エステティックサロン、語学教室、家庭教師、学習塾、結婚相手紹介サービス、パソコン教室の6つの役務が対象とされていますが、対価の金額等により一部除かれています。

⑥業務提供誘引販売取引

「仕事を提供するので収入が得られる」という口実で消費者を誘引し、仕事に必要であるとして、商品等を売って金銭負担を負わせる取引のことです。

⑦訪問購入

事業者が一般消費者の自宅等へ訪問して、物品の購入を行なう取引のことです。

 ## 特定商取引法による規制の内容

上記の取引類型に応じて、以下のような規制がなされていま

す。

①行政規制
- 氏名等の明示の義務づけ
- 不当な勧誘行為の禁止
- 広告規制
- 書面交付義務（内容も規定されています）

　なお、特定商取引法の違反行為は、業務改善の指示や業務停止命令の行政処分、または罰則の対象となります。

②民事ルール

　消費者による契約の解除（**クーリング・オフ**）、取消しなどを認め、また、事業者による法外な損害賠償請求を制限するなどのルールを定めています。

　「クーリング・オフ」とは、申込みまたは契約後に法律で決められた書面を受け取ってから一定の期間、消費者が無条件で解約することです（以上の具体的な内容については、消費者庁のホームページを参照してください）。

　クーリング・オフ期間は、訪問販売・電話勧誘販売・特定継続的役務提供・訪問購入においては8日間、連鎖販売取引・業務提供誘引販売取引においては20日間です。

　なお、通信販売には、クーリング・オフに関する規定はありません。

インターネットを中心とした通信販売の知識

取締役内定者 「特定商取引法で規制されている通信販売には、インターネットで消費者に販売する場合も含まれているんですね。最近、インターネットで買い物することも多いのですが、よくわからないことだらけです」

弁護士 「インターネットにおける契約も、いろいろと決まりごとがあるんですよ。ふだん私たちがポチッと押している同意ボタンひとつひとつも、法律にもとづいてつくられたものであることが多いんです」

通信販売とは

　通信販売とは、新聞や雑誌、テレビ、インターネット上のホームページ（インターネット・オークションサイトを含む）などによる広告や、ダイレクトメール、チラシ等を見た**消費者**が、郵便や電話、ファクシミリ、インターネット等で事業者に購入の申込みを行なう取引方法をいいます（ただし、「電話勧誘販売」に該当する場合は除きます）。

インターネットによる契約の成立

　インターネットによる契約について、電子メールや画面上への表示といった電子的な方法で「承諾」がなされるものについては、承諾の通知が相手方に到達した時点で契約が成立します（電子消費者契約及び電子承諾通知に関する民法の特例4条）。

特定商取引法における通信販売に対する行政規制

①**広告の表示**（特定商取引法11条）

　通信販売は、隔地者間の取引なので、消費者にとって広告は非常に重要です。そこで、特定商取引法では以下について表示するよう定めています。

- 販売価格（役務の対価）（送料についても表示が必要）
- 代金（対価）の支払い時期、方法
- 商品の引渡時期（権利の移転時期、役務の提供時期）
- 商品（指定権利）の売買契約の申込みの撤回または解除に関する事項（返品の特約がある場合はその旨を含む）
- 事業者の氏名（名称）、住所、電話番号
- 事業者が法人であって、電子情報処理組織を利用する方法により広告をする場合には、当該販売業者等代表者または通信販売に関する業務の責任者の氏名
- 申込みの有効期限があるときには、その期限
- 販売価格、送料等以外に購入者等が負担すべき金銭があるときには、その内容およびその額
- 商品に隠れた瑕疵がある場合に、販売業者の責任についての定めがあるときは、その内容
- ソフトウェアに関する取引である場合には、そのソフトウェアの動作環境
- 商品の販売数量の制限等、特別な販売条件（役務提供条件）があるときには、その内容
- 請求によりカタログ等を別途送付する場合、それが有料であるときには、その金額
- 電子メールによる商業広告を送る場合には、事業者の電子メールアドレス

　ただし、上記すべてを広告スペースに記載することは困難なことも多々あります。

　したがって、消費者からの請求によって、これらの事項を記載した書面（インターネット通信販売においては電子メールでもよい）を「遅滞なく」提供することを広告に表示し、かつ、実際に請求があった場合に「遅滞なく」提供できるような措置を講じている場合には、広告の表示事項を一部省略することができることになっています。

②誇大広告等の禁止（同法12条）

③未承諾者に対する電子メール広告の提供の禁止（同法12条の3、12条の4）

　消費者があらかじめ承諾しないかぎり、事業者は電子メール広告を送信することを、原則禁止しています（オプトイン規制）。

　ただし、以下のような場合は、規制の対象外となります。

- ●「契約の成立」「注文確認」「発送通知」などに付随した広告
- ●メルマガに付随した広告
- ●フリーメール等に付随した広告

④前払式通信販売の承諾等の通知（同法13条）

　消費者が商品の引渡し（権利の移転、役務の提供）を受ける前に、代金（対価）の全部あるいは一部を支払う「前払式」の通信販売の場合、事業者は代金を受け取り、その後、商品の引渡しに時間がかかるときには、その申込みの諾否等、以下の事項を記載した書面を渡さなければなりません。

- 申込みの承諾の有無（承諾しないときには、受け取ったお金をすぐに返すことと、その方法を明らかにしなければなりません）
- 代金（対価）を受け取る前に申込みの承諾の有無を通知しているときには、その旨
- 事業者の氏名（名称）、住所、電話番号
- 受領した金銭の額（それ以前にも金銭を受け取っているときには、その合計額）
- 当該金銭を受け取った年月日
- 申込みを受けた商品とその数量（権利、役務の種類）
- 承諾するときには、商品の引渡時期（権利の移転時期、役務の提供時期）（期間または期限を明らかにすることにより行なわなければなりません）

⑤契約解除に伴う債務不履行の禁止（同法14条）

通信販売において売買契約の申込みの撤回等ができることから、契約当事者双方に原状回復義務が課された場合、事業者が代金返還など債務の履行を拒否したり、遅延したりすることは禁止されています。

⑥顧客の意に反して契約の申込みをさせようとする行為の禁止（同法14条）

あるボタンをクリックすれば、それが有料の申込みとなることを、消費者が容易に認識できるように表示していないことや、申込みをする際、消費者が申込み内容を容易に確認し、かつ、訂正できるように措置していないことは、「顧客の意に反して売買契約等の申込みをさせようとする行為」として禁止し、行政処分の対象としています。

なお、行政処分・罰則や、上記行政規制に違反した事業者は、業務改善の指示（同法14条）や業務停止命令（同法15条）などの行政処分のほか、罰則の対象となります。

特定商取引における通信販売に対する民事ルール

⑦契約の申込みの撤回または契約の解除（特定商取引法15条の2）

通信販売の際、消費者が契約を申し込んだり、契約をしたりした場合でも、その契約にかかる商品の引渡し（指定権利の移転）を受けた日から数えて**8日間以内**であれば、消費者は事業者に対して、契約申込みの撤回や解除ができ、消費者の送料負担で返品ができます。

もっとも、事業者が広告であらかじめ、この契約申込みの撤回や解除につき、特約を表示していた場合は、特約に従うこととなります。

⑧事業者の行為の差止請求（同法58条の19）

事業者が、通信販売における広告について、不特定かつ多数の者に誇大広告などを行ない、または行なうおそれがあるときは、適格消費者団体は、事業者に対し、行為の停止もしくは予防、その他の必要な措置をとることを請求できます。

知的財産法について知っておこう

取締役内定者「そうだ、著作権についても知らなくちゃならないですよね。商品名が著作権違反だったら大変だし…」

弁護士「それは、商標権のことですかね。著作権法も、商標法も、大事な法律ですから、ざっとみておきましょう」

著作権法とは

　著作権法には、著作物や著作者に関するさまざまな規定が定められています。

　著作権法における「**著作物**」とは、思想または感情を創作的に表現したものであり、文芸、学術、美術または音楽の範囲に属するもののことをいいます。単なるアイデアや模倣、工業製品等は除かれます。

　著作物を創作した者を「**著作者**」といい、一定の要件を満たせば、法人が著作者となる場合もありえます。

　著作権法で保護される主な権利は以下のとおりです。原則として**著作物の公表後50年間は保護**されます（映画については70年）。

①著作者の人格権

　著作者は、未公表の著作物を公表するか決定する権利（著作権法18条）、氏名表示権（同法19条）、同一性保持権（意に反して著作物を改変されない権利。同法20条）を有しています。

②著作権

　著作権とは、著作物の利用を許諾したり禁止する権利をいいます。

　この権利については、必ずしも著作者に専属するものではなく、譲渡等も可能です。内容としては、複製権（同法21条）、上映・演奏権（22条）、公衆送信権（23条）、口述権（24条）、展示権（25条）、頒布権（26条）、譲渡権（26条の２）、貸与権（26条の３）、翻訳権・翻案権（27条）、二次的著作物の利用に関する権利（28条）があります。

商標法とは

　商品やサービスに使用するマークを保護するのが、商標法です。保護期間は、**登録から10年間**ですが、**更新することも可能**です。

　商標には、文字、図形、記号、立体的形状やこれらを組み合わせたものなどのタイプがあります。

　また、平成27年度から、動き商標、ホログラム商標、色彩のみからなる商標、音商標および位置商標についても、商標登録ができるようになりました。

　商標権を取得するためには、特許庁へ商標を出願して商標登録を受けることが必要です。商標登録を受けないまま商標を使用している場合、先に他社が同じような商標の登録を受けていれば、その他社の商標権の侵害にあたる可能性があります。

　また、商標を登録している者より商標を先に使用していたとしても、その商標が、自社の商品やサービスを表わすものとして需要者に広く知られているといった事情がなければ、商標権の侵害にあたる可能性があります。

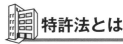 **特許法とは**

　いわゆる発明を保護するのが、特許法です。原則として、**出願後20年間、保護**されます。

　特許法2条に規定される発明、すなわち、自然法則を利用した技術的思想の創作のうち高度のものを保護の対象とします。

　したがって、金融保険制度・課税方法などの人為的な取り決めや計算方法、暗号など自然法則の利用がないものは、保護の対象とはなりません。

　また、技術的思想の創作ですから、発見そのものは保護の対象とはなりません。さらに、この創作は、高度のものである必要があり、技術水準の低い創作は保護されません。

 そのほかの法律

　知的財産を保護する法律としては、前述の法律のほかにも、以下があります。

● **実用新案法**

　物品の形状、構造または組合せに関するものを保護の対象としています。

● **意匠法**

　物品のデザインを保護する法律です。

● **不正競争防止法**

　営業秘密等を保護します。

個人情報保護法について知っておこう

取締役内定者 「最近、個人情報の保護について、規制が
とても厳しくなっていると聞いていますが…」

弁護士 「たしかに、個人情報の保護に関する法律（個人
情報保護法）はありますが、法律の内容についてよく理解
せずに、過剰反応して、必要以上の規制を行なっている会
社も見受けられるようです」

個人情報保護法とは

　個人情報保護法は、個人情報の保護に関する国や地方公共団
体の責務を定めるとともに、個人情報取扱事業者の義務規定な
どを定めています。

　同法で保護される「個人情報」とは、生存する個人に関する
情報であって、特定の個人を識別でできる情報のことをいいま
す（個人情報保護法2条）。他の情報を容易に照合でき、それ
により特定の個人を識別できるものも含まれます。

　そして、この法律により義務を負う個人情報取扱事業者とは、
個人情報データベース等を事業の用に供している者（ただし、
国の機関、地方公共団体、独立行政法人および地方独立行政法
人を除く）をいいます。また、個人情報データベース等とは、
個人情報を含む情報の集合物であって、①特定の個人情報を電
子計算機を用いて検索することができるように体系的に構成し
たもの、または②特定の個人情報を容易に検索することができ

るように体系的に構成したものとして政令で定めるものをいいます（ただし、一部例外あり。個人情報保護法2条4項）。

個人情報取扱事業者の義務

個人情報取扱事業者は、以下の義務を負います。

①**個人情報の利用目的の特定**（個人情報保護法15条）、**目的外利用の禁止**（同法16条）

利用目的をできるかぎり特定し、利用目的の達成に必要な限度を超えて個人情報を利用してはいけません。

②**適正な情報の取得**（同法17条）、**取得時の利用目的の通知**（同法18条）

個人情報を取得したときは、本人に速やかに利用目的を通知または公表しなければなりません。また、本人から直接、情報を得る場合は、あらかじめ利用目的を明示します。

③**個人データ内容の正確性の確保**（同法19条）

④**安全管理措置**（同法20条）

個人データの漏えい等を防ぐため、必要かつ適切な安全措置を講じなければなりません。

⑤**従業者・委託先の監督**（同法21条、22条）

⑥**第三者提供の制限**（同法23条～26条）

原則として次の場合を除いて、本人から事前の同意がないかぎり、個人情報を第三者に提供してはいけません。

●法令にもとづく場合

●人の生命、身体または財産の保護に必要な場合

●公衆衛生、児童の健全育成のために特に必要な場合

●国等に協力する場合

⑦利用目的の通知、開示、訂正、利用停止等（同法27条～30条）

保有する個人データの利用目的、開示等に必要な手続き、苦情の申出先等について、本人の知りうる状態に置かなければなりません。

また、本人の求めに応じて、保有している個人情報を開示しなければなりません。

保有する個人データに誤りがある場合は、本人の求めに応じ、利用目的の達成に必要な範囲内で調査、訂正等を行なわなければなりません。

⑧苦情の処理（同法35条）

本人から苦情の申出があったときは、適切かつ迅速な処理に努めなければなりません。

ガイドラインの確認

事業分野によっては、官公庁がガイドラインを制定していることがあります。一度、自社を対象とするガイドラインが定められているかどうか、確認してみてください。

個人情報保護については、必要以上に過剰反応する個人や企業も多いのが現状です。自社が保有する個人情報を、適法かつ有効に利用するために、正確な知識を身につけることが必要です。

倒産法について知っておこう

弁護士 「さまざまな事業活動を行なっていると、取引先が倒産するという話はよくあります。ところで、一口に倒産といっても、いろいろな種類があることをご存じですか？」

取締役内定者 「いや、よくわかりませんね。倒産というと、破産ということじゃないのですか」

弁護士 「実は、そうとも限らないのです」

私的整理と法的整理

企業が倒産する場合の債務整理の方法としては、裁判所が関与しない「**私的整理**」と、裁判所が関与する「**法的整理**」とがあります。

私的整理は、債務者の代表者と、債権者とが個別に交渉することにより債務の整理を行ないます。清算をする場合と再建をめざす場合とがあります。

以下では、法的整理についてみていきましょう。

法的整理の種類

法的整理のうち、清算型といわれる「破産」および「特別清算」と、再建型といわれる「民事再生」「会社更生」についてみていきます。

①破　産

　債務超過の場合、債務者自身または債権者は、裁判所に破産を申し立てることができます。

　破産開始手続きの申立てをする場合、申立人は、裁判所に予納金やその他費用を納めます。

　裁判所により破産手続きの開始決定が出ると、裁判所が選任する破産管財人は、債務者の資産の隠匿の有無を調査するとともに、債務者の財産を包括的に管理・換価して、破産財団を形成し、総債権者に公平に配分します。

　なお、債務者の最低限の生活を維持するため、債務者の財産の一部は、破産財団を構成しません。

　また、債権者に対する支払いについては、まずは、他の破産債権に優先する財団債権があり、その他の債権である破産債権のなかにも、租税債権、労働賃金など、他の債権に優先して支払われるものがあります。

　当該優先債権を弁済してもなお余剰がある場合は、他の破産債権について、債権者に按分して支払われることになります。

②特別清算

　特別清算とは、清算の遂行に著しい支障をきたす事情があるか、債務超過の状態にある解散した株式会社（会社法510条）が、迅速かつ公正な清算をするため、申立てにより、裁判所の監督のもとにおいて行なわれる法的清算手続きです。

　手続きの流れは、次ページ図のとおりです。

◎特別清算の手続きの大まかな流れ◎

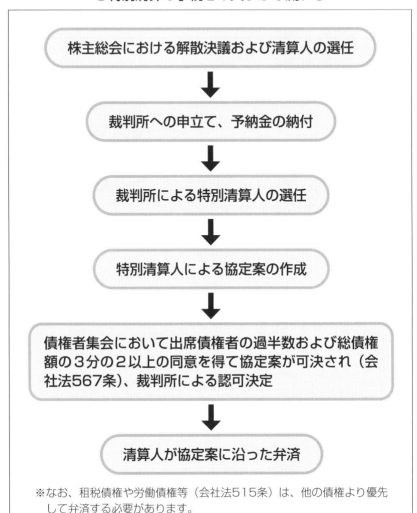

株主総会における解散決議および清算人の選任

⬇

裁判所への申立て、予納金の納付

⬇

裁判所による特別清算人の選任

⬇

特別清算人による協定案の作成

⬇

債権者集会において出席債権者の過半数および総債権額の3分の2以上の同意を得て協定案が可決され（会社法567条）、裁判所による認可決定

⬇

清算人が協定案に沿った弁済

※なお、租税債権や労働債権等（会社法515条）は、他の債権より優先して弁済する必要があります。

③民事再生

　民事再生手続きは、会社再建型の法的整理手続きです。

手続きの流れは、次ページ図のとおりです。

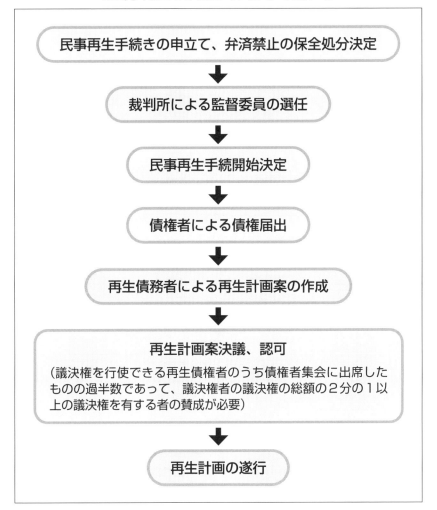

◎民事再生の手続きの大まかな流れ◎

民事再生手続きの申立て、弁済禁止の保全処分決定

↓

裁判所による監督委員の選任

↓

民事再生手続開始決定

↓

債権者による債権届出

↓

再生債務者による再生計画案の作成

↓

再生計画案決議、認可

（議決権を行使できる再生債権者のうち債権者集会に出席したものの過半数であって、議決権者の議決権の総額の2分の1以上の議決権を有する者の賛成が必要）

↓

再生計画の遂行

④会社更生

　大規模な株式会社の大型倒産で再建手続きをとる場合は、民事再生ではなく、会社更生手続きが採用されます。

　民事再生との大きな違いとしては、民事再生は手続開始後も債務者自身が会社を運営できるのに対し、会社更生においては、

会社経営、会社財産の管理処分権は管財人に移りますので、経営者の経営権がなくなり、経営者の責任が問われることになります。

　主な手続きの流れは、以下のとおりです。

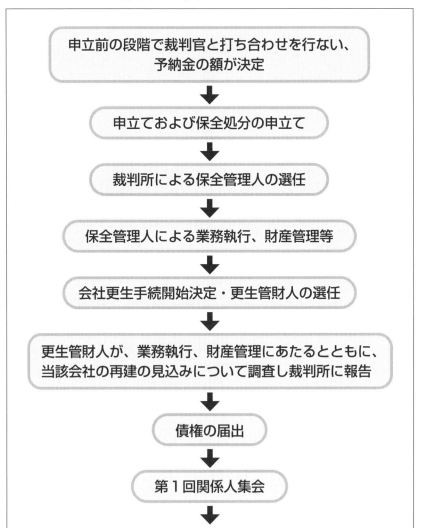

◎会社更生の手続きの大まか流れ◎

申立前の段階で裁判官と打ち合わせを行ない、
予納金の額が決定

⬇

申立ておよび保全処分の申立て

⬇

裁判所による保全管理人の選任

⬇

保全管理人による業務執行、財産管理等

⬇

会社更生手続開始決定・更生管財人の選任

⬇

更生管財人が、業務執行、財産管理にあたるとともに、
当該会社の再建の見込みについて調査し裁判所に報告

⬇

債権の届出

⬇

第1回関係人集会

⬇

更生管財人が更生計画案の作成・提出

第2回・第3回関係人集会

更生計画可決、即日裁判所による認可

可決の要件は、以下のとおりです。

- 更生債権者の観点から、更生債権者の議決権の総額の2分の1以上の同意
- 更生担保権者の観点から、更生担保権の期限の猶予の場合は、更生担保権の議決権の総額の3分の2以上の同意
- 更生担保権の免除の場合は、更生担保権の議決権の4分の3以上の同意
- 清算を内容とする計画案の場合は、更生担保権者の10分の9以上の同意

裁判所は更生計画について即日認可決定するのが一般的。裁判所が更生計画を認可すると、更生計画は効力を生じ、その後は更生計画に従って弁済が行なわれることになる

更生計画の遂行

弁済が終了し、または終了することが確実（70%ないし80%の弁済完了）と裁判所が認めたときは、裁判所により終結決定、更生手続きは終了

関連分野の法律を知っておくことの必要性

弁護士　「これまで、いくつか知っておいてほしい法律の概要をピックアップしましたが、ほかにも取締役が知っておいたほうがよい法律があります」

取締役内定者　「もうパンク状態ですよ。。。いったい、どんな法律ですか？」

弁護士　「すべてについて精通する必要はありませんが、どのようなことを規制している法律があるかだけでも、ざっと見ておくと、新しい事業を展開するときや問題が生じたときに、注意することができます。今後は、自社に特に関係する法律を掘り下げていけばよいと思いますよ」

取締役なら知っておきたい一般的な法律

　もちろん、会社の事業内容や取引形態等にもよりますが、取締役であれば一度は聞いたことがなければならない一般的な法律は、以下のとおりです。

①製造物責任法（ＰＬ法）

　製造物の欠陥により損害が生じた場合の製造業者等の損害賠償責任について定めた法律です。

　通常は、請求者が業者の故意・過失を立証しなければならないのですが、本法により過失の立証は不要となり、その他にも被害救済のための規定が設けられています。

②独占禁止法

公正かつ自由な競争を促進するために、私的独占の禁止、カルテルや談合などの不当な取引制限の禁止、合併や株式取得などの企業結合規制、不公正な取引方法（取引拒絶、排他条件付取引、拘束条件付取引、再販売価格維持行為、優越的地位の濫用、欺瞞的顧客誘引、不当廉売など）の禁止等が定められています。

③消費者契約法

消費者と事業者との間の情報や交渉力の格差を埋めるために定められた消費者保護のための法律です。

事業者と消費者間のすべての契約に適用があり、契約を勧誘したときに事業者に不適切な行為があった場合、消費者は契約を取り消すことができます。

また、契約書に消費者の権利を不当に害する条項が記載されている場合、当該条項はなかったことになります。

④割賦販売法

クレジット取引等を対象に、事業者が守るべきルールを定めています。購入者等の利益の保護、割賦販売等に係る取引を公正にすること、商品等の流通、役務の提供を円滑にすることを目的とした法律です。

⑤景品表示法（不当景品類及び不当表示防止法）

事業者の消費者に対する広告の表示が不当（虚偽・誇大）だったり、景品類が過大だと、公正な競争が阻害され、消費者の適正な商品・サービスの選択に悪影響を及ぼしてしまうため、不当な表示や過大な景品類を規制しています。

⑥不正競争防止法

　事業者間の公正な競争や、条約等の適正な実施を確保することを目的として、営業秘密侵害や原産地偽装、コピー商品の販売などを規制する法律です。

　違反すると、差止請求や損害賠償請求をされたり、罰則が科せられる可能性があります。

会社の業種や取引に応じた法律の確認

　業種によっては、当該業種の特殊性にかんがみ、特別に法律による規制が設けられていることは珍しくありません。

　たとえば、建設業者には、**建設業法**の適用があり、契約内容として記載すべき事項まで、詳細に規定されています。

　法律に違反すると、事案によっては罰則が科せられる可能性があります。あとから「この法律は知らなかった」では済まされません。

　特に大きな取引をするとき、新規ビジネスを始めるときは、当該ビジネスについて特別法の規制がないか確認し、特別法がある場合は、当該業務の開始前から、十分に注意する必要があります。

　法律を知るということは、違法な行為の防止につながるのはもちろんのこと、法律で保護された権利について最大限に利用し、会社の利益を生み出すことにもつながるのです。

おわりに

　本書を最後までお読みいただき、ありがとうございます。

　会社をめぐる社会経済情勢の変化から、株主総会の運営および取締役の職務の執行の一層の適正化等を図ることを目的として、会社法が改正され、令和3年3月1日以降、順次施行されています。
　これにより、日本企業のコーポレート・ガバナンスがさらに向上することが期待されています。なかでも、上場企業等の社外取締役設置の義務づけ、一部業務執行の社外取締役への委託、会社補償やD＆O保険に関する規律など、取締役に関しても重要な改正となっています。
　本書はこれらの改正を反映して改訂2版として出版したものです。

　これまでの会社法の改正の経過からも、取締役、特に社外取締役に対する期待はさらに大きくなる一方で、期待されている分、その業務に関する責任について今後顕在化することが多いのではないかと考えています。私自身も、企業の社外役員を務めていますが、日々職務の重要性や責任の重大性を痛感しているところです。

　本書は、これから取締役になる方や、現役の取締役の方のためにわかりやすい本を、と思い執筆させていただきました。
　弁護士業務を行なっているなかで、取締役や元取締役の方からのご相談は、「急に解任されて報酬が支払われない」「名前だけ貸せと言われただけだったのに、会社の債権者から損害賠償

請求された」「辞任したのに、会社が次の役員を選んでくれないし、退任登記もしてくれない」などさまざまですが、相談者の方が共通して言われるのは、「まさかこのようなことが起こるとは思わなかった」の一言です。

でも、本書を読んでくださった皆さまであれば、上記のようなことも起こり得るかもしれない、と思っていただけるのではないでしょうか。

さて、本書においては、できるだけ取締役に関する会社法の知識をわかりやすく網羅的に盛り込もうとしたものの、読みにくい点、知識が足りない点等多々あると思います。

会社法やその他関連する法律に関する問題が生じたり、生じそうな場合は、取締役の善管注意義務の観点からも、ぜひ早期に専門家にご相談ください。

本書をお読みいただいたとおり、会社法は、細かな手続きをたくさん定めています。少しの手続き違反があっても、それを巻き戻すのは困難です。早期であれば、コストも低く、短期間に問題を解決できる（あるいは問題発生を未然に防止できる）ことが多いといえます。

改訂2版の発行にあたっては、初版に引き続きアニモ出版編集部の小林良彦さんに大変お世話になりました。本当にありがとうございました。

西田　弥代

西田弥代（にしだ　みよ）

弁護士（東京弁護士会）。隼あすか法律事務所所属。

神奈川県出身。慶應義塾大学法学部法律学科卒業。明治大学法科大学院修了（法務博士）。

主に企業法務、労働案件、事業再生、倒産案件、不動産問題、一般民事等を扱う。幅広い業種の企業の法律顧問、上場企業の社外取締役、社外監査役なども務めている。

企業のさまざまな局面における契約関係や法的手続、人事労務などについて、きめ細やかに指導。企業が後ろ向きのムダなコストを負担しないようにアドバイスすることを心がける。

著書に、『社員を適正に辞めさせる法』『労働時間を適正に削減する法』『労働時間を適正に削減し、休日・休暇を正しく運用する法』（以上、共著・アニモ出版）、『弁護士の周辺学実務のための税務・会計・登記・戸籍の基礎知識』『弁護士の現場力 民事訴訟編』『弁護士の現場力 家事調停編』（以上、共著・ぎょうせい）、『新時代の弁護士倫理』（共著・有斐閣）、『同族会社・中小企業のための会社経営をめぐる実務一切』（共著・自由国民社）、『非公開化の法務・税務』（共著・税務経理協会）がある。

取締役になるとき いちばん最初に読む本【改訂2版】

2015年3月20日	初版発行
2021年6月15日	改訂2版発行
2024年4月5日	第2刷発行

著　者　西田弥代

発行者　吉溪慎太郎

発行所　株式会社 **アニモ出版**

〒162-0832 東京都新宿区岩戸町12 レベッカビル
TEL 03(5206)8505　FAX 03(6265)0130
http://www.animo-pub.co.jp/

©M.Nishida 2021　ISBN978-4-89795-250-5
印刷・製本：壮光舎印刷　Printed in Japan

監査役になるとき
　　　いちばん最初に読む本

セブンライツ法律事務所 著　定価 2200円

　監査役と取締役との違いから、監査役の役割、責任、権限の法律知識まで、監査役とはどういう仕事をするのかが、何の知識も持っていない初めての人でもやさしく理解できる本。

図解でわかる経営計画の基本
　　　いちばん最初に読む本

神谷 俊彦 編著　定価 1760円

　経営計画の目的、重要性、作成のしかたから、経営戦略の策定、計画達成のための実行管理のしかたまで、経営計画について知りたいことのすべてが、図解でやさしく理解できる本。

図解でわかる
　　　経営戦略のしくみと活用法

野上 眞一 著　定価 1760円

　経営戦略の基本のしくみから、事業戦略・機能戦略の実践的な使い方まで、経営者や役員なら知っておきたい経営手法について、図解とわかりやすい解説でやさしく理解できる本。

図解でわかる
　　　労働法の基本としくみ

佐藤 広一・太田 麻衣 著　定価 1980円

　労務トラブルを未然に防ぐためにも、雇用する人も雇用される人も知っておかなければならない労働法について、1項目＝2ページで、図解を交えてやさしく解説した入門実用書。